VIE

DE

L'ABBÉ SADRIN

R. P. JOSEPH DE JÉSUS-MARIE

DE L'ORDRE DES CARMES

PAR L'ABBÉ **REDON**

VICAIRE GÉNÉRAL A AVIGNON

AVIGNON

AUBANEL FRÈRES, IMPRIMEURS DE N. S. P. LE PAPE

ET DE MONSEIGNEUR L'ARCHEVÊQUE

1897

VIE

DE

L'ABBÉ ANTOINE MAXIMIN SADRIN

R. P. JOSEPH DE JÉSUS-MARIE

VIE

DE L'ABBÉ

Antoine Maximin SADRIN

R. P. JOSEPH DE JÉSUS-MARIE

Premier Profès français de l'Ordre des Carmes déchaussés

RÉTABLI EN FRANCE EN 1841

Par l'Abbé REDON

VICAIRE GÉNÉRAL A AVIGNON

AVIGNON

AUBANEL FRÈRES IMPRIMEURS DE N. S. P. LE PAPE

ET DE MONSEIGNEUR L'ARCHEVÊQUE

1897

DÉCLARATION DE L'AUTEUR

Me conformant aux prescriptions du Pape Urbain VIII, je déclare, qu'en parlant des faits surnaturels de la vie du Révérend Père Joseph Sadrin, religieux Carme, et en lui donnant la qualification de saint, je n'ai prétendu donner à cette qualification et à ces faits qu'une valeur purement humaine, sans vouloir devancer les jugements du Saint Siège, auquel je soumets humblement cet écrit.

REDON, vic.-gén.

LETTRE

DU

RÉVÉREND PÈRE ZACHARIE DE LA NATIVITÉ

VICAIRE GÉNÉRAL DES CARMES DÉCHAUSSÉS

~~~~~~~

J. M. J.

</div>

<div align="left">PAX Xi</div><div align="right">Rome, le 23 août 1897.</div>

MONSIEUR LE VICAIRE GÉNÉRAL,

J'ai lu avec le plus vif intérêt le beau travail, que vous venez de consacrer à la mémoire de notre vénéré Père Joseph de Jésus-Marie, m'arrêtant plus particulièrement, et non, sans me sentir profondément ému, sur les pages dans lesquelles vous retracez les trop courtes années de sa vie religieuse.

Ces souvenirs demandés aux rares survivants du temps, où vécut ce vrai fils de sainte Thérèse et de saint Jean-de-la-Croix, seront, selon le désir que vous exprimez en terminant,
~~~~~~~

des fleurs qui répandront leur parfum, et embaumeront nos solitudes du Carmel. Nos jeunes religieux liront avec édification et fruit cette vie du premier novice français entré dans notre Ordre, depuis sa restauration en France. Aussi permettez-moi de vous le dire, Monsieur le Vicaire général, en écrivant ces pages vous avez bien mérité de notre saint Ordre, et particulièrement de notre province d'Avignon.

Daignez agréer, Monsieur le Vicaire général, avec l'expression de ma religieuse gratitude, l'hommage du profond respect, avec lequel j'aime à me dire

Votre très humble et obligé serviteur en Notre Seigneur.

F^{re} ZACHARIE DE LA NATIVITÉ.

C. d. Vic. gén.

PRÉFACE

Les anciens élèves de l'abbé Saisson, à Ste-Garde, après avoir lu sa biographie, nous ont demandé d'écrire aussi la vie de M. l'abbé Sadrin, un de leurs maîtres les plus vénérés, qui fut d'abord élève et professeur avec le futur Général des Chartreux et bientôt, comme lui, répondit à l'appel de Dieu, en sortant du clergé séculier pour entrer dans un Ordre religieux.

Plusieurs de nos vieux condisciples ne se sont pas contentés de nous exprimer leurs désirs ; ils se sont mis à l'œuvre, et nous ont remis les pages qu'ils ont écrites.

Nous avons le bonheur da voir survivre, depuis près de cinquante ans, à M. l'abbé Sadrin, un de ses contemporains, M. le chanoine Bonnet, Supérieur Général des missionnaires de Notre-Dame de Ste-Garde, à Orange. Déjà depuis cinq ans il était professeur au petit séminaire de Ste-Garde, lorsque M. l'abbé Sadrin y arriva en 1832, et, pendant neuf ans, il y fut son collègue et intime ami. En nous racontant et nous écrivant ses souvenirs, il a eu la joie de revivre ses heureuses années d'il y a plus de soixante ans.

Plusieurs Religieux Carmes, et en particulier le Révérend Père Marie Albert (Martin Moricelly d'Avignon)

Provincial d'Aquitaine, ont bien voulu nous encourager et nous communiquer les notes qu'ils ont conservées sur leur Révérend Père Joseph (Sadrin). Ils nous ont mis en relation avec le Révérend Père Ange Louis de leur Ordre, à qui, sur l'invitation de ses Supérieurs, a réuni, pendant de longues années, avec une pieuse avidité et un soin scrupuleux, tous les documents concernant l'histoire des Carmes, depuis leur rétablissement en France. Le Père Ange a eu l'obligeance de nous envoyer condensé, en quelques pages, tout ce qu'il a pu recueillir, sur la vie du Père Joseph, et qu'il tient lui-même des Révérends Pères Dominique, Louis, Emmanuel, Michel, Jean-Baptiste, et autres vénérés religieux, restaurateurs du Carmel en France.

Nous avons été heureux de recevoir tous ces souvenirs et documents, qui nous ont servi pour écrire la vie séculière et religieuse de l'abbé Sadrin, Père Joseph. Mais lui-même, sans l'avoir prévu, a été notre meilleur collaborateur. Etant professeur à Ste-Garde, vicaire à Cavaillon et religieux Carme aux couvents du Broussey et de Montigny, il écrivit à sa mère et à sa sœur des lettres que sa famille conserve comme un précieux héritage, et quelle a eu la bonté de nous communiquer. Nous le laisserons raconter lui-même une bonne part de sa vie, et exprimer ses pensées et ses sentiments les plus intimes, qui nous révèleront ses vertus et sa sainteté. Ce sera la partie la plus authentique et la plus intéressante de sa biographie.

ANTOINE MAXIMIN SADRIN

R. P. JOSEPH DE MARIE-JÉSUS

DE L'ORDRE DES CARMES

1811-1849

SA VIE DANS LE MONDE

1811-1842

CHAPITRE I

SON ENFANCE

1811-1823

I. — Sa famille

Antoine-Maximin Sadrin naquit le 30 janvier 1811, dans le diocèse d'Avignon, à Courthézon, où il fut baptisé trois jours après, le 2 février, fête de la Purification de la Sainte Vierge. Son père, Jean-Baptiste Sadrin, et sa mère, Thérèse Charavin, vivaient dans une modeste aisance du produit de leurs terres et du métier de bourrelier. Plusieurs de leurs enfants moururent en bas âge;

il leur en resta trois qu'ils élevèrent avec soin dans les meilleurs sentiments. Fidèles à remplir leurs devoirs religieux, ils ne se contentaient pas de donner ou de faire donner à leurs enfants de bonnes leçons, ils leur faisaient encore plus de bien par leurs bons exemples.

Leur fils aîné, Jean-Baptiste Sadrin, exerça le même métier que son père. Maximin, le plus jeune, parut surpasser par ses heureuses dispositions son frère, qui avait treize ans de plus que lui, et sa sœur Thérèse, qui le devançait de quelques années et lui survécut vingt-quatre ans.

II. — *Heureuses dispositions de Maximin Sadrin*

Thérèse Sadrin disait que son frère Maximin, dans sa première enfance, était vif, pétulant, et qu'il se laissait aller à faire des niches aux enfants de son âge, et parfois à leur chercher querelle. Mais il se corrigea bientôt de ces défauts. Dieu qui devait l'appeler à la vie parfaite, dans un des Ordres religieux les plus austères, l'avait doué des dispositions et des talents en rapport avec la vocation à laquelle il le destinait.

On ne tarda pas de voir que le jeune Maximin avait reçu du ciel une âme d'élite, *sortitus animam bonam*, qu'il était intelligent, docile et porté à la piété. Sa mère, modèle d'humilité et de force, le forma de bonne heure aux vertus de son âge; elle lui apprit à prier, à obéir promptement; elle lui inspira un vif sentiment de crainte de Dieu. Sitôt qu'elle lui eut fait comprendre, qu'en taquinant ses camarades, il offenserait Dieu, il s'en abstint et il appliqua désormais son ardeur et sa vivacité naturelles, à bien faire tout ce qui lui était commandé.

A l'âge de 6 à 7 ans, il fut envoyé à l'école primaire. Son maître, M. Jean-Baptiste Vuber, satisfait de son application et de ses progrès, disait à sa mère : « votre fils fera un jour l'honneur de votre famille. »

En effet le jeune Sadrin se faisait dès lors remarquer parmi ses condisciples ; tandis que ceux-ci aimaient les jeux bruyants, lui, au contraire, recherchait déjà la solitude, il n'avait de goût que pour les exercices de piété ; ses délices étaient d'assister aux offices divins, aux catéchismes et aux instructions qu'on faisait à l'église.

Les prêtres de la paroisse de Courthézon, parmi lesquels il y avait, comme vicaire, M. Frizet, [1] reconnurent bientôt la piété du jeune Sadrin et l'admirent au nombre des enfants de chœur. C'était un véritable bonheur pour lui de remplir ses pieuses fonctions ; loin d'être en retard, il arrivait souvent avant l'heure. Tous les matins, il était exact à venir servir la première messe,

---

1. M. l'abbé Frizet était né à Pernes en 1795. Ordonné prêtre le 5 juin 1819, il fut d'abord nommé vicaire à Courthézon. Au mois d'octobre 1820, il fut choisi par M. Sollier pour être professeur au grand séminaire d'Avignon, où il est resté, vénéré de tous, jusqu'à sa mort, 4 juin 1868, veille du 49e anniversaire de son ordination sacerdotale.

et l'on se souvient encore à Courthézon, que plus d'une fois le sacristain, quand il venait ouvrir l'église, trouvait le jeune servant de messe agenouillé sur le seuil de la porte, où il priait, en attendant pour ainsi dire le réveil du bon Dieu.

III. — *Premières marques de vocation*

Ce don de piété que le jeune Sadrin faisait si bien fructifier, cet attrait pour la prière qu'il suivait si fidèlement, lui valurent bientôt une nouvelle grâce. En le voyant servir la messe avec tant de modestie et de dévotion, les assistants étaient édifiés et disaient : cet enfant est un ange. Mais lui, aspirant à un bonheur plus grand que celui de servir à l'autel, comme servirait un ange, désirait d'y offrir le saint sacrifice, il voulait être prêtre. N'osant manifester son désir à son père et à sa mère, il en parla à sa sœur Thérèse qui, plus âgée que lui et bien pieuse, était la confidente de ses petits secrets. Il lui fit part de ses intentions, et celle-ci, tout heureuse à la pensée d'être un jour la sœur d'un prêtre, se chargea bien volontiers de faire agréer à ses parents la demande de son jeune frère.

Le père et la mère Sadrin ne furent pas surpris des aspirations de leur petit Maximin ; en le voyant toujours si pieux, si recueilli, si obéissant, ils avaient eu plusieurs fois le pressentiment que Dieu ne le leur avait donné, que pour leur demander de le consacrer entièrement à son service. Ils l'interrogèrent ; l'enfant leur répondit modestement, mais d'un ton bien décidé, qu'il voulait être prêtre. Après avoir pris l'avis du clergé de la paroisse qui ne pouvait être que favorable, ils ne lui firent pas attendre leur consentement. Ils le retirèrent de l'école primaire et le confièrent à un maître capable, M. Bon, ancien professeur, qui l'initia pendant quelques années aux éléments de la langue latine.

Le jeune élève s'appliqua avec ardeur à cette nouvelle étude ; ses progrès furent si rapides, qu'un an après sa première communion, son mentor vigilant, M. l'abbé Parnet, le trouvait assez avancé, pour lui recommander de faire chaque jour sa lecture spirituelle, dans le texte latin de l'Imitation de Jésus-Christ.

IV. — L'abbé Parnet prépare le jeune Sadrin à sa première communion

En même temps qu'il commençait l'étude du latin, Maximin Sadrin se préparait à sa première communion. Il avait un peu plus de douze ans lorsqu'il la fit, le 23 mars 1823. Quelles furent ses dispositions, et quel fruit en recueillit-il ? Lui-même nous en donnera une idée, lorsque, devenu religieux Carme au couvent de Montigny, il exprimera les sentiments de reconnaissance qu'il conservait, pour celui qui l'avait le plus aidé à se préparer à ce grand acte de la vie, je veux dire l'abbé Parnet. Ce jeune ecclésiastique né à Montmorat, dans le diocèse de

Besançon, avait suivi ses parents qui étaient venus résider à Courthézon [1], et il achevait ses études de théologie au grand séminaire d'Avignon. A cause de sa faible santé, il était assez souvent obligé de venir se reposer dans sa famille, où il ne restait pas inactif. En effet, lorsqu'il se trouvait à Courthezon, le curé de cette paroisse, M. Offray, qui connaissait ses talents et sa piété, le chargeait de faire le catéchisme aux enfants. Ce pieux séminariste remplissait cette fonction avec beaucoup de zèle et de succès. C'est ce que rappelait en 1844, le Père Sadrin dans une lettre à sa sœur : « Faites confesser les enfants, lui écrivait-il, et vous leur ferez éviter bien des péchés mortels. M. Parnet, mon bienfaiteur, de sainte mémoire, était un modèle pour cette exactitude à faire confesser les enfants ; aussi quel bien ne faisait-il pas dans ses catéchismes ! » A la fin de 1844, il écrivait à sa mère : « Un jeune homme de Pontarlier m'a parlé des parents de M. l'abbé Parnet. Ce nom est bien précieux à notre souvenir. Vous savez combien je lui suis redevable; il me fit faire ma première communion. J'ai toujours présentes à mon esprit ses attentions infinies pour moi, ainsi que les bons conseils qu'il me donnait, et les belles instructions qu'il nous faisait à la paroisse. Que le bon Dieu enrichisse la couronne de ce digne prêtre, mon bienfaiteur, d'autant de perles qu'il m'a suggéré de bonnes pensées ! »

1. Il fut incorporé au diocèse d'Avignon avant de recevoir la tonsure, le 19 mai 1820.

L'abbé Parnet fut ordonné sous-diacre le 15 mars 1823, et le lendemain de son ordination il vint prêcher à Courthézon cette retraite de première communion, dont le Révérend Père Joseph Sadrin se souvenait avec une si affectueuse reconnaissance. M. Bonnet, supérieur des Gardistes fut présent à un des exercices de cette retraite, et, depuis plus de 70 ans, ce qu'il vit, ce qu'il entendit est resté si bien gravé dans son esprit, qu'il a pu nous retracer ses souvenirs dans les termes suivants : « Me rendant de Camaret à Sorgues, je m'arrêtai un peu à Courthézon. J'allai à l'église, et j'y trouvai réunis les enfants de la première communion. Maximin Sadrin était là avec ses camarades, écoutant attentivement l'instruction que leur adressait l'abbé Parnet. Pour les disposer à recevoir l'absolution, il leur prêchait sur l'ingratitude du pécheur à l'égard de la bonté de Dieu. Sa parole vive et convaincue, son geste véhément faisait une vive impression sur ces enfants. Saisis de douleur à la vue de leurs fautes, ils poussent des soupirs et versent d'abondantes larmes. Vainement le prédicateur s'efforce de contenir sa propre émotion ; ses pleurs et ses sanglots l'empêchent de parler. Enfin pour mettre un terme à cette scène de cris déchirants et de larmes, il fait mettre les enfants à genoux, et d'une voix grave et vivement émue, il prononce un acte de contrition que tous répètent d'un cœur contrit et humilié. »

CHAPITRE II
SES ÉTUDES ECCLÉSIASTIQUES
1823-1832

I. — A Courthézon, l'abbé Parnet donne des leçons à Maximin Sadrin et le forme à l'état ecclésiastique

Après sa première communion, Maximin Sadrin continua ses études avec encore plus d'ardeur et d'application, sous la direction de son professeur, M. Bon, M. l'abbé Parnet, lorsqu'il se trouvait à Courthézon, lui donnait aussi des leçons de latin. Au catéchisme de première communion, il l'avait distingué parmi tous les autres enfants, et il l'avait nommé préfet d'une congrégation, qu'il avait établie sous le vocable de saint Louis de Gonzague, et dans laquelle il enrôlait les jeunes gens, pour assurer leur persévérance.

Maximin Sadrin s'acquitta fort bien de ses fonctions; il assistait fidèlement à tous les exercices, il donnait à tous le bon exemple par sa piété et sa docilité; il encourageait et retenait ceux qui étaient portés au découragement; il n'épargnait pas sa peine, pour faire de la propagande auprès des jeunes gens de son âge, et augmenter ainsi le nombre des congréganistes.

En voyant à l'œuvre son jeune préfet, M. l'abbé Parnet reconnut bien vite les marques certaines de sa vocation à l'état ecclésiastique. Si, à l'âge de douze à quatorze ans, il savait déployer avec tant de zèle les talents qu'il avait reçus de Dieu, et exercer une si heureuse influence sur ses jeunes camarades, quel bien n'était-il pas destiné à faire aux âmes, lorsqu'il serait élevé à la dignité du sacerdoce, et qu'il en aurait reçu les pouvoirs surhumains?

L'abbé Parnet s'attacha à lui ; il ne se contenta pas de l'aider à faire des progrès dans ses études, il s'appliqua par ses conseils à le faire correspondre à sa vocation ; il lui avait tracé un règlement semblable à celui que l'on suit dans les petits séminaires. En conséquence, il lui avait marqué les heures de l'étude et de la récréation, et il lui avait prescrit de faire chaque jour la méditation, la lecture spirituelle, l'examen particulier. A ces leçons, il joignait l'influence encore plus efficace de ses exemples, en faisant avec lui ces divers exercices de piété.

Maximin Sadrin profita des secours que Dieu lui avait ménagés, pour se former de bonne heure aux habitudes et aux vertus de la vie ecclésiastique. Il aimait son maître, il le prenait pour modèle, et il se soumettait à sa direction avec une affectueuse docilité. Il n'avait pas besoin d'être poussé à la prière, à l'étude, à une vie de règle et de travail ; il avait déjà de l'attrait pour tout cela. On devait plutôt le retenir, car dès lors, il se montrait tel qu'il a été toute sa vie, enclin à une piété et à une mortification extraordinaires.

II. — *Deux lettres de l'abbé Parnet à Maximin Sadrin*

On nous a communiqué deux lettres que M. l'abbé Parnet, alors diacre au grand séminaire d'Avignon, écrivit, le 1er novembre 1824 et le 1er janvier 1825, à son jeune ami, qui n'avait pas encore quatorze ans révolus. Ces deux lettres nous permettent d'apprécier la maturité du jeune diacre, et le degré de formation ecclésiastique où était déjà parvenu son tout jeune disciple. Les questions adressées par l'élève attestent les progrès qu'il avait déjà faits ; le maître, par ses réponses, montre sa prudence précoce et son grand dévouement.

A la fin des vacances de 1824, avant de quitter Courthézon, pour venir passer sa dernière année d'études au Grand Séminaire d'Avignon, M. l'abbé Parnet avait fait promettre à son disciple de lui écrire. Celui-ci ne tarda pas ; il lui exposa les difficultés qu'il avait pour faire la méditation, et demanda quels moyens il devait employer pour les surmonter.

L'abbé Parnet lui répondit, le 1er novembre 1824 : « Mon cher ami, j'ai reçu votre lettre du 28 octobre, et je vois avec plaisir, que vous êtes fidèle à la promesse que vous m'avez faite de m'écrire.

« Vous demandez des éclaircissements sur votre méditation, et sur les peines que vous y éprouvez. La sécheresse dont vous vous plaignez peut venir de deux causes : de vous, ou du bon Dieu. Il n'est pas rare de voir des âmes tomber dans une espèce d'aridité spirituelle, et éprouver de la difficulté à s'entretenir avec Dieu. Mais à quoi doivent-elles attribuer cela ? Hélas ! bien souvent à des négligences, à des infidélités à la grâce, à quelque attache qu'elles n'ont pas le courage de rompre, à l'orgueil, au peu de défiance qu'elles ont d'elles-mêmes. Voyez donc, mon cher ami, si vous n'auriez pas laissé introduire dans votre âme, quelque relâchement dans la ferveur et dans le service de Dieu. Voyez encore si vous êtes fidèle à toutes les grâces que Dieu vous accorde ; si votre cœur n'est pas attaché à quelque chose, dont Dieu vous demande le sacrifice, sacrifice que vous n'avez peut-être pas le courage de faire. Pour avancer dans la vertu, mon ami, il faut être détaché de tout, ne tenir à rien que selon la volonté de Dieu. Les attachements au monde, ou à toute autre chose sont autant de liens qui nous attachent à la terre, et nous empêchent de nous élever vers notre Père céleste. Il faut enfin voir si vous vous défiez assez de vous-même, si vous n'avez pas cru pouvoir bien faire votre oraison de vos propres forces, et si vous êtes bien convaincu que, sans le secours de Dieu, vous ne pouvez rien. Voyez cela, mon ami, mais voyez-le froidement, sans trouble, sans agitation. C'est ainsi que Dieu le veut ; et si vous trouvez, parmi ces causes, quelque obstacle aux grâces, que Dieu vous accordait auparavant dans l'oraison, ne vous troublez pas, mais retranchez-le, et revenez au plus vite au bon Dieu.

Dites alors, comme saint François de Sales : *Pauvre âme, te voilà tombée, ne te décourage pas, mais demande pardon à Dieu et continue ton chemin.*

« Si vous ne reconnaissez pas la cause de cette sécheresse, contentez-vous de renoncer intérieurement et sincèrement, à tout ce qui vous empêche d'aller à Dieu.

« Ces peines dans l'oraison peuvent aussi venir de Dieu. Alors elles sont une épreuve et une occasion de s'humilier et de gagner des mérites. Il faut en profiter. Dieu éprouve ainsi quelques fois les âmes qu'il aime, et c'est alors que l'on connaît ceux qui aiment bien le bon Dieu. On reconnaît un véritable ami lorsqu'il vous est toujours attaché, quoique vous soyez absent ; de même on distingue ceux qui aiment bien le bon Dieu, lorsqu'ils lui restent inviolablement attachés, quoiqu'il ne leur fasse pas sentir sa présence, et ne leur donne plus d'aussi abondantes consolations qu'auparavant. — Que faire alors ? Il faut s'armer de courage, s'attacher fortement à Dieu, s'humilier ; et quand même vous ne feriez dans l'oraison que rappeler votre imagination, et la faire revenir en sa présence, je pense que vous auriez fait une bonne méditation, jusqu'à ce qu'il plaise à Dieu de se manifester de nouveau. Souvenez-vous de sainte Thérèse qui fit, dix-sept ans, son oraison, en pouvant seulement rappeler son âme en la présence de Dieu. J'oubliais de vous dire qu'il faut se préparer, le matin, à l'oraison par le recueillement, que vous pouvez essayer de vous servir d'un livre, et qu'il ne faut faire que les considérations nécessaires pour toucher votre âme. »

Maximin Sadrin avait aussi exprimé dans sa lettre ses sentiments de crainte de Dieu, il s'était reproché les pensées de complaisance qui l'importunaient, et l'esprit de dissipation qui l'envahissait. Son pieux et sage Mentor répond à tout cela, et il ajoute d'autres conseils fort utiles.

« Je pense, lui dit-il dans la même lettre, que vous devez avoir beaucoup de confiance en Dieu, et ne craindre l'éternité malheureuse, qu'autant que c'est nécessaire pour éviter le mal. — Encore ce serait là, la crainte des esclaves ; il vaut mieux éviter le péché, parce qu'il déplaît à Dieu et qu'il l'offense ; ce motif est plus parfait.

« Vous devez chasser les pensées de vaine complaisance, que vous avez pendant la messe, de la même manière que vous chasseriez des mouches qui vous importuneraient. Il faut les mépriser. Soyez persuadé qu'il est bien difficile de se préserver de toutes les atteintes de l'orgueil. Au reste, je pense que vous n'y consentez pas, et alors c'est une occasion de mérites.

« Je crois comme vous que cet esprit de dissipation, dont vous vous plaignez, vient du défaut de récréation. Je vous recommande spécialement d'en prendre, et de faire beaucoup d'exercice. Agir autrement, ce serait agir contre la volonté de Dieu. Songez-y sérieusement.

« J'oubliais de vous dire que la meilleure marque pour reconnaître, si les peines que vous éprouvez dans l'oraison viennent de Dieu, c'est de voir si vous en faites votre profit, si vous êtes plus humble, plus fervent, plus recueilli, si vous remplissez mieux vos devoirs. — Je vous conjure, par vos intérêts les plus précieux, d'être toujours fidèle à l'oraison, à l'examen particulier, à la lecture spirituelle. N'ayez absolument aucun prétexte de manquer votre oraison ; ce serait un grand piège que le démon vous tendrait. Il faut aussi fréquenter les sacrements. Si vous faites bien ce que je vous dis, je réponds de vous et de votre salut.

« Soyez extrêmement prudent dans le choix de vos amis, c'est un point bien important. N'en ayez que de bons, évitez ceux qui se livrent à la dissipation, et si, par malheur, vous les entendiez tenir des discours mauvais, ou dire des choses qui blesseraient le moins du monde la sainte vertu, ne cherchez point à les convertir. Ce serait un piège dans lequel le démon voudrait vous faire tomber. Vous n'avez pas de mission pour cela ; mais alors fuyez-les bien plus vite, que vous ne fuiriez un pestiféré. Votre fuite les touchera plus que tout ce que vous pourriez leur dire.

« La première fois que vous m'écrirez, vous me direz *toutes choses*. Je désirerais savoir si vous aimez bien le bon Dieu, de quelle manière vous l'aimez, quels sont vos sentiments pour lui, et ce que vous êtes prêt à faire pour lui. Parlez-moi franchement et clairement, et surtout point de dissimulation. »

Ces conseils, cette direction déjà relevée, que Maximin Sadrin recevait de l'abbé Parnet, nous donnent une haute idée du mérite et des vertus de ce jeune aspirant au sacerdoce. Mais lui n'avait aucune bonne estime de lui-même, il ne songeait qu'à mieux suivre les conseils et les recommandations de son maître. Sa sœur disait, bien des années plus tard, que son frère Maximin avant d'être admis au petit séminaire, menait une vie tout à fait retirée, qu'il s'appliquait à l'étude et à ses exercices de piété, et qu'il n'avait guère de rapport avec les jeunes gens de son âge, qui le traitaient quelques fois de misanthrope. Il le savait, mais il ne s'en inquiétait pas. Il suivait sur ce point, comme sur tous les autres, la ligne de conduite qui lui avait été tracée par l'abbé Parnet. Il ne tarda pas de lui écrire pour lui demander de nouveaux conseils, sur les livres dont il devait se servir pour la lecture spirituelle, et sur la manière de se conduire dans l'oraison. Il reçut la réponse suivante, datée d'Avignon du 1er janvier 1825.

« Mon cher ami, la paix de Notre-Seigneur soit avec vous.

« Je dois vous faire quelques observations sur votre lecture spirituelle, observations qui sont pour vous bien importantes, et auxquelles vous devez vous soumettre avec l'obéissance la plus complète.

« D'abord il vous est absolument défendu de lire des livres spirituels qui traitent de la vie intérieure, d'une manière trop élevée, parce que votre esprit trop faible n'est pas capable de bien distinguer, les choses, ni de discerner ce qui vous convient, ou non ; et dès lors ces lectures pourraient vous devenir dangereuses et funestes. Ainsi vous commencerez par mettre de côté le livre de M. Boudon, lequel, quoique excellent, ne vaut rien pour vous. — Je ne vous conseille même pas de lire trop assidûment les psaumes de Berthier. Vous ferez vos lectures spirituelles dans l'Imitation de Jésus-Christ, dans le Combat spirituel, ou bien dans un traité de la présence de Dieu, que je vous indiquerai une autre fois, ou enfin dans Rodriguez que vous pourrez aller prendre à la maison. Si vous avez une Imitation en latin, et si vous pouvez la comprendre facilement, cela vaut mieux.

« Voici maintenant de quelle manière vous ferez votre lecture spirituelle. Vous aurez un temps marqué pour la faire, vous lirez peu à la fois, et aussitôt que vous aurez assez lu, pour que vous soyez en la présence de Dieu, et que votre cœur soit touché, arrêtez-vous, goûtez et savourez cette divine présence ; restez-y tant que le bon Dieu voudra ; et lorsque vos sentiments cesseront, continuez de lire ainsi, jusqu'à ce que le temps de votre lecture soit écoulé.

« Voici comment vous devez vous conduire dans l'oraison. Abandonnez-vous entièrement à l'attrait que Dieu vous donne, sans vous inquiéter d'autre chose. Quand vous aurez trouvé cette présence intime de Dieu, restez-y. Si Dieu vous appelle, s'il vous attire, allez à lui, unissez-vous à lui, et restez dans cette bienheureuse union, tant qu'il voudra, et même jusqu'à la fin de votre oraison. Cela supplée à tout le reste. Il n'est pas nécessaire de faire beaucoup de considération, ni d'examiner votre conduite, à moins que Dieu ne vous présente cela, ou que cet examen ne se présente de lui-même ; alors il ne faudra pas le rejeter. Si cependant cela revenait trop souvent, ce pourrait être une espèce de distraction. En général allez à Dieu, ouvrez-lui toute votre âme, livrez-la lui tout entière, soyez-lui attaché de toute votre volonté, et s'il veut bien vous attirer, vous faire sentir sa présence, s'il s'unit à vous, s'il vous unit à lui, oh ! mon cher ami, quel grand bonheur ! Restez alors dans cet état avec lui et devant lui ; vous êtes bien. Il vous fera d'ailleurs assez connaître vos défauts ; et enfin l'examen particulier, auquel je pense que vous êtes fidèle, y suppléera.

« Vous ne devez pas vous étonner des distractions ; pourvu que votre volonté tienne à Dieu, soyez tranquille ; seulement ayez soin de ne pas entretenir ces distractions et de n'y pas consentir, lorsque vous vous en apercevrez. »

Maximin Sadrin avait aussi parlé à son jeune directeur, de la manière dont il prenait ses récréations. C'était là le point de son règlement qu'il était le plus porté à violer ; il avait dû faire sa coulpe et indiquer ses manquements. L'abbé Parnet lui répondait :

« Ne croyez pas qu'il y ait du mal à parler ou à rire, dans les moments de vos récréations. S. François de Sales était très gai.

« Les récréations vous sont nécessaires, Dieu vous les commande, et quand même il arriverait que vous perdiez la présence de Dieu dans vos récréations, vous l'auriez perdue par obéissance, puisque vous l'auriez perdue en faisant la volonté de Dieu : seulement ayez soin de vous remettre de temps en temps en cette divine présence. Cela n'empêche pas de parler et de s'égayer sagement. D'ailleurs on ne parle pas si continuellement, qu'on ne puisse de temps en temps élever son cœur et sa pensée vers le divin maître.

« Comment prenez-vous vos récréations ? Voilà une chose encore qu'il faut examiner. A celle du matin vous devez nécessairement faire de l'exercice. Pour celle du soir, le temps, en hiver, ne vous permettant pas de sortir, vous pouvez la passer dans votre famille. Si vous voulez sortir le soir pour aller chanter, vous le pouvez. Cependant je vous dirai que je l'approuve peu, parce que cela vous fatigue, surtout si c'est tous les soirs, et que je me suis aperçu maintes fois, que c'est une source de dissipation. Je vous conseille donc de passer votre soirée chez vous, et de chanter fort rarement. C'est assez ridicule que cette passion de chanter.

« J'approuve aussi fort peu, et c'est une chose très digne de blâme, que vous passiez tout le jeudi à étudier. Ce jour est celui du repos. — Si votre maître vous a donné un devoir, dépêchez-vous de le faire, et sortez. — Si vous y employez plus de deux heures, c'est trop. Le jeudi vous devez faire une promenade extraordinaire qui vous fatigue un peu. Elle doit durer au moins la moitié de la journée. Faites cela, et vous ferez la volonté de Dieu.

« Adieu, mon ami, je vous laisse avec ce texte de saint Paul : *si quis non amat Dominum nostrum Jesum Christum anathema sit,* et je suis dans les cœurs de Jésus et de Marie votre tout dévoué

PARNET. »

Peu de temps après, le 12 juillet 1825, l'abbé Parnet fut ordonné prêtre. Comme, avant d'être élevé au sacerdoce, il avait déjà fait beaucoup de bien à Courthézon, où tous avaient la plus grande estime pour lui, on désira l'avoir pour vicaire, et l'on obtint sa nomination dans son pays adoptif. On aurait bien voulu le conserver longtemps ; mais les desseins de Dieu ne sont pas ceux des hommes. L'abbé Parnet exerça à peine pendant deux ans ses fonctions de vicaire à Courthézon ; il y mourut, dans sa vingt-sixième année, le 1er mars 1827, et sa mémoire y est restée en bénédiction.

III. — L'abbé Sadrin
élève au petit et au grand séminaire d'Avignon

Maximin Sadrin heureux d'avoir pour vicaire à Courthézon M. l'abbé Parnet, se mit entièrement sous sa direction : elle lui avait déjà été si profitable ! Cependant il ne tarda pas lui-même à quitter le pays natal. Il était dans sa quinzième année, et il n'avait pas perdu son temps ; il avait déjà achevé ses classes de grammaire. Pour qu'il retirât plus de fruit des classes supérieures, on songea à le placer dans un établissement d'éducation. Sa vocation ecclésiastique était si évidente, et il y avait si bien correspondu, qu'on se décida à le mettre au petit séminaire d'Avignon, le seul qu'il y eût alors dans le diocèse. Il y arriva au mois d'octobre 1825, et il fut jugé assez fort pour être admis en troisième, où il eut, ainsi qu'en humanités, M. Roustan pour professeur. En 1827-1828, M. Sermand, professeur, depuis plusieurs années, de la classe de rhétorique, ayant été chargé de l'économat, à la mort de M. Fabre, économe dont le souvenir est resté légendaire au petit séminaire d'Avignon, Maximin Sadrin eut pour professeur de rhétorique, son compatriote, M. l'abbé Masson, qui venait d'être ordonné prêtre.

Un seul de ses condisciples lui survit, il est octogénaire, mais toujours vif, actif et doué de la plus fraîche et de la plus fidèle mémoire. C'est le Révérend Père Nicolas, natif de Bédarrides, religieux oblat de Marie Immaculée, de résidence à Aix. Nous lui avons écrit dans une paroisse du diocèse d'Avignon, où il prêchait une mission, avec le même feu, le même entrain qu'à ses prédications d'il y a cinquante ans. Nous lui avons demandé ce que seul il pouvait nous donner, des souvenirs sur l'abbé Sadrin, pendant les sept années qu'ils passèrent ensemble au petit et au grand séminaire d'Avignon. Il a eu la bonté de nous faire sans retard la réponse suivante :

Roussillon, 7 novembre, 1895.

« Monsieur le Vicaire général,

« Je vous remercie de me faire renouveler mes meilleurs souvenirs; j'ai beaucoup connu M. l'abbé Sadrin. C'était un de mes bons amis du petit et du grand séminaire, où il se montra constamment studieux, intelligent et pieux. Il avait le sens droit, le goût pur, le caractère bon, l'âme sensible. Il eut toujours une vive reconnaissance pour ses maîtres, surtout pour notre supérieur, M. Justamond [1], qui exerça sur lui une grande influence par ses allocutions à la lecture spirituelle. Il en parlait toujours avec admiration.

« En 1828, je suis entré au grand séminaire avec M. Sadrin, MM. Peytié et Pinatel, qui sont morts doyens du Chapitre métropolitain. MM. André, Cortasse, Buffardin et Michel, d'Orange, qui a été prieur de la Chartreuse de Portes.

1. M. Marc Justamond était né à Cornillon (Gard), le 26 février 1792. Il fut un des premiers élèves de M. Sollier au grand séminaire d'Avignon. De 1814 à 1816, il fut professeur au petit séminaire sous M. de Prilly. Il n'était que sous-diacre, lorsque en 1817, il fut nommé professeur au grand séminaire, où il enseigna la théologie et l'hébreu pendant six ans. Il fut ordonné prêtre en 1819, et en 1823, lorsque M. de Prilly fut nommé évêque de Châlons-sur-Marne, il le remplaça comme supérieur au petit séminaire. Il y resta neuf ans. En 1832, il fut nommé chanoine titulaire. Après M. Coulet, décédé le 31 août 1843, il fut doyen du Chapitre métropolitain jusqu'à sa mort, 23 juin 1851.

« Nous eûmes d'abord M. Eugène Peyre [1] pour professeur de philosophie, et les années suivantes MM. Helly et Icard [2] pour professeurs de morale et de dogme. M. Frizet nous faisait le cours d'Écriture sainte.

« M. Sadrin était plein d'attachement et de vénération pour ses maîtres, en particulier pour M. Frizet, qu'il

1. M. Eugène Peyre avait à peine 21 ans quand il commença à professer la philosophie au grand séminaire. Sa voix ressemblait si bien à celle d'une jeune fille, que le maçon du séminaire passant un jour devant la classe de philosophie, fut tout étonné en attendant la voix du jeune professeur, et se mit à dire en son langage de maçon : *Est-ce qu'on est une fille, que l'on fait la classe ici?* Après avoir professé trois ans la philosophie, M. E. Peyre fut ordonné prêtre le 27 décembre 1831. De 1832 à 1835, il fut vicaire à Caumont, à Aubignan et à St-Pierre à Avignon. Peu de temps après son arrivée, Mgr Dupont le nomma secrétaire de l'archevêché en 1836, chanoine titulaire en 1838, et grand vicaire en 1839.

M. E. Peyre fut ensuite grand vicaire sous Mgr Naudo, vicaire capitulaire pendant la vacance du siège en 1848-49. Il fut aussi pendant deux ans grand vicaire de Mgr Debelay. Sa santé ne lui permettant plus de remplir ses fonctions, il fut nommé chanoine titulaire en 1851 et il mourut le 2 octobre 1857.

2. M. Henri Icard, né à Pertuis, le 1er novembre 1805, fit ses premières classes de latin au collège d'Orange, où il eut pour maître M. l'abbé Guérin qui fut ensuite, pendant plus de quarante ans, curé archiprêtre de St-Siffrein à Carpentras. Il cumulait alors les fonctions de vicaire à Notre-Dame et de professeur et de principal au collège. Lorsque vers 1818, il quitta Orange pour entrer dans la société des Missionnaires de France, deux de ses élèves, M. Icard et M. Sermand, vinrent terminer leurs études au petit séminaire d'Avignon sous M. de Prilly. Ils furent tous deux tonsurés le 4 juin 1819. M. Icard était élève de quatrième, et n'avait pas encore quatorze ans révolus.

En 1822, il entra au grand séminaire, où il eut pour supérieur M. Sollier, et pour professeur de philosophie M. Meirieu qui était alors sous-diacre, et avait connu dès le début de son ministère à Courthézon en 1819-1820, et pour M. Chameroy, son vénéré supérieur qui, par ses manières nobles, ses vertus et l'autorité de sa parole, exerçait une si grande influence sur tous ses élèves [1].

qui fut ensuite plus de trente ans évêque de Digne. L'année suivante, M. Sollier ne garda que ses fonctions de grand vicaire, et les sulpiciens revinrent diriger le grand séminaire d'Avignon. M. Icard les vit arriver avec peine, parce qu'il avait conçu à leur égard des préventions peu favorables. Pour ne pas être sous leur direction, il voulut entrer dans une congrégation ; son état maladif ne le lui permit pas. Mais ses préventions ne tardèrent pas à disparaître : son supérieur, M. Chameroy et ses professeurs le convertirent si bien, qu'à la fin de son cours de théologie, en 1827, il demanda à entrer dans la Compagnie de St-Sulpice. Il venait d'être ordonné sous-diacre, et n'avait pas encore l'âge pour être diacre.

Il fut admis à la *solitude*, et bientôt, tout en continuant les exercices de son noviciat, il remplaça un professeur de théologie au séminaire d'Issy, où il fut ensuite professeur en titre pendant deux ans.

Après la Révolution de 1830, il fut envoyé comme professeur de dogme au grand séminaire d'Avignon ; il y resta trois ans. En 1833, il fut rappelé au séminaire St-Sulpice où il a passé tout le reste de sa vie, soixante ans. Il y fut professeur de théologie et de droit canon, directeur des catéchismes de la paroisse et du séminaire, vicaire général de Paris, et otage de la Commune. Plusieurs fois l'ordre de le fusiller fut donné ; enfin, dans les derniers jours de la semaine sanglante, il put s'échapper de sa prison, *per tela, per ignes.*

En 1875, M. Caval s'étant démis de sa charge de supérieur général, M. Icard fut nommé à sa place, et il a rempli ses fonctions, avec la plus grande exactitude, jusqu'à la veille de sa mort, 20 novembre 1893. Il avait vécu 88 ans et 20 jours, et sa vie était bien remplie.

1. M. Chameroy, né à Corginon, diocèse de Langres, le 16 octobre 1789, fut élevé par les Messieurs de St-Sulpice, qui l'admirent dans leur société, et l'envoyèrent en 1816, l'année de son ordination, au grand séminaire de Viviers. On reconnut bientôt les talents qu'il avait reçus de Dieu pour

« M. l'abbé Sadrin était, en tout, un de mes meilleurs condisciples. J'ai pu le connaître intimement, non seulement au grand séminaire, mais aussi pendant nos vacances. Courthézon, son pays natal, était limitrophe du mien, Bédarrides. Nous parcourions, chacun, plusieurs fois par semaine, la moitié de la distance qui nous séparait ; nous nous réunissions ainsi pour causer, prier, discuter philosophie et théologie. Il était réservé, délicat de conscience, d'une piété et d'une régularité exemplaire. Avec ses condisciples il était amical, prévenant, généreux, sans prétention, bon ami et bon frère.

« A sa constante application à l'étude, il joignait une vive intelligence, une grande sagacité pour comprendre et une abondante facilité d'élocution pour exprimer ses

l'éducation des jeunes clercs, la conduite des âmes et le maniement des affaires.

De Viviers il fut, en 1823, envoyé à Avignon, au grand séminaire de St-Charles, dont il fut supérieur jusqu'à sa mort, le 10 mai 1832. Il fut vénéré et regretté par tous ceux qui le connurent. Nous avons vu son portrait chez la plupart de ses élèves, qui conservaient aussi fidèlement le souvenir de ses leçons et de ses vertus.

« M. Chameroy, a dit M. Faillon, avait le don de mettre les âmes en paix, en leur faisant goûter Dieu dans l'oraison. Il est un langage que chaque âme parle. Chacune en parle un différent et n'entend pas celui d'une autre. Ce pieux directeur m'a semblé avoir reçu de Dieu le don de parler toutes les langues du cœur, et de parler à chaque cœur son langage propre. J'ai remarqué qu'en conversant avec les âmes il se tenait uni à Notre-Seigneur, et qu'il ne faisait que répéter ce que le bon Maître lui disait à lui-même. Son visage, empreint d'une sévère et religieuse modestie, montrait bien que dans ce moment là, il n'était occupé qu'à suivre l'esprit de Dieu. »

pensées. Aussi il était l'ami et l'émule des plus distingués et des plus forts. Nous pouvions prévoir qu'il serait un jour un prédicateur éloquent et onctueux, un confesseur prudent et zélé, un administrateur sage et habile.

« Il était aussi l'ami et le confident des plus pieux, parmi lesquels je me rappelle MM. Saisson, Sallier, Michel et Pouchon. Ils aimaient à se réunir pour parler de Dieu et s'exciter à la ferveur, et l'abbé Sadrin était toujours prêt à traiter le sujet proposé de la manière la plus édifiante. Les membres de ces pieuses réunions avaient les mêmes goûts, les mêmes attraits, la même vocation, dont ils donnaient déjà des marques évidentes. Tous sont devenus religieux, les trois premiers ont été chartreux, M. Pouchon a été sulpicien, et nous ne fûmes pas surpris lorsque, dix ans plus tard, nous apprîmes que l'abbé Sadrin était parti pour aller faire son noviciat chez les Carmes. Cependant nous aurions souhaité qu'il continuât de travailler dans notre diocèse au salut des âmes. Il y aurait si bien réussi, grâce à son zèle, à sa piété et à son caractère doux et attrayant ! »

CHAPITRE III

L'ABBÉ SADRIN

AU PETIT SÉMINAIRE DE SAINTE-GARDE

1832-1841

I. — *Sainte-Garde en 1832*

L'abbé Sadrin avait reçu la tonsure à la fin de son année de philosophie, le 13 juin 1829, et les ordres mineurs, le 5 juin de l'année suivante. Il avait l'âge et les dispositions requises pour être ordonné sous-diacre en 1832, la veille de la Trinité ; mais il s'abstint de participer à cette ordination. Se sentant appelé à la vie religieuse, il hésitait à faire, comme membre du clergé séculier, le pas décisif du sous-diaconat.

Au mois d'octobre 1832, il était rentré au grand séminaire pour y faire sa dernière année de théologie ; il s'était remis avec ardeur à l'étude et aux exercices qui devaient achever sa formation sacerdotale ; lorsque, peu de jours après la Toussaint, son supérieur, M. Helly, lui annonça qu'il était nommé professeur à Ste-Garde.

PETIT SÉMINAIRE DE Ste-GARDE EN 1832

Ce petit séminaire, établi seulement depuis six ans, venait de subir une crise qui, selon toutes les apparences, devait lui être funeste et ne fit cependant qu'augmenter sa prospérité. A la fin des vacances de 1832, Mgr d'Humières, installé depuis quelques mois à l'Archevêché d'Avignon, cédant à l'impulsion d'un de ses nouveaux grands vicaires qui aimait les changements, et ne connaissait guère le diocèse d'Avignon, quoiqu'il en fût natif, décida qu'à Ste-Garde on ne ferait les classes que jusques en quatrième. On comprit qu'il ne fallait pas obliger M. Didier, supérieur du petit séminaire, et ses principaux professeurs à mettre cette mesure à exécution, on les destina au ministère paroissial et on nomma supérieur à Ste-Garde un prêtre du diocèse de Nîmes, M. Hébrard. Celui-ci se hâta de venir prendre possession de son poste, et le jour de la rentrée, il était tout prêt à recevoir ses élèves avec la plus grande amabilité; mais il eut beau regarder et attendre, il n'en voyait point venir. Enfin, il en arriva un : « soyez le bienvenu, lui dit-il; mais, lui répondit l'élève, je ne viens pas pour rester; je viens reprendre et emporter quelques effets que j'avais laissés. »

Le nouveau supérieur, sans élèves, fut obligé de retourner dans son diocèse, et Mgr d'Humières voyant qu'on avait surpris sa bonne foi, congédia son grand vicaire, conserva toutes les classes à Ste-Garde, et y rappela M. Didier, supérieur, avec les professeurs qu'on avait dispersés. Tous les anciens élèves s'empressèrent de revenir, et les nouveaux arrivèrent si nombreux, qu'il fallut au plus tôt faire nommer trois nouveaux professeurs, MM. Gibert, Sadrin, ainsi que M. Bonadona, qui après avoir été un des trois premiers maîtres envoyés à Ste-Garde en 1826, était allé professer au collège d'Apt, pendant un peu plus d'un an.

En 1823, M. Chameroy, dès son arrivée, comme supérieur, au grand séminaire d'Avignon fut un de ceux qui s'employèrent le plus, pour obtenir l'ordonnance royale par laquelle, en 1824, la maison de Ste-Garde fut érigée en petit séminaire. Il avait compris combien une seconde école ecclésiastique était nécessaire, pour assurer le recrutement du clergé dans le diocèse d'Avignon. Il fut aussi chargé de choisir et de préparer parmi ses grands séminaristes, les directeurs et professeurs de ce nouveau séminaire. A cause du manque de sujets, ce fut seulement en 1826 qu'il put y envoyer MM. Joannis, Didier et Bonadona. Les années suivantes il leur adjoignit MM. Trouchet, Bressy, Bonnet, Saisson. Clément, Peyre, Ducand. Il venait souvent les visiter, les encourager ; et eux, jeunes et peu expérimentés, mais pleins d'ardeur et de dévouement, avaient une entière confiance en leur ancien et vénéré supérieur, et suivaient fidèlement la sage direction qu'il leur donnait.

M. Chameroy mourut le 10 mai 1832. M. Helly qui était arrivé en même temps que lui au grand séminaire d'Avignon, où il avait été pendant neuf ans son zélé collaborateur, lui succéda comme supérieur. Il fut aussi

comme lui chargé de la haute direction du séminaire
de Ste-Garde, et du soin de lui préparer de bons professeurs [1].

II. — L'abbé Sadrin professeur à Ste-Garde

Le premier maître que M. Helly choisit pour Ste-
Garde fut M. l'abbé Sadrin, dont il connaissait les
aptitudes et les aspirations à la vie religieuse. Dans
cette maison bénie, ce jeune professeur pourrait mieux
connaître et éprouver sa vocation ; avec son intelligence,
son activité et ses habitudes de régularité et d'application, il ne pouvait manquer de bien faire la classe qui
lui serait confiée. Par son zèle ardent, sa piété communicative, son caractère gai, ouvert, amical, il avait

1. M. Jean-Antoine Helly était né à Gras (Ardèche), le 21 décembre 1797.
Il fit ses études de latinité et de littérature au collège d'Annonay, et ses
études ecclésiastiques au grand séminaire de Viviers. Sitôt qu'il eut fini
son cours de théologie, il fut chargé du cours de philosophie. Il demanda
d'être admis dans la compagnie de Saint-Sulpice. En 1822, il passa une
année à la maison de la *solitude*, et en 1823, il suivit M. Chameroy au
grand séminaire de St-Charles à Avignon, où il professa le dogme pendant
six ans. En 1829, il remplaça, dans la chaire de morale, M. Bénech qui
venait d'être envoyé à Orléans. En 1832, après la mort de M. Chameroy il
fut supérieur du grand séminaire d'Avignon jusqu'en 1839. Sa santé s'étant
alors fort affaiblie, il dut se résigner à un repos complet. En 1848 il fut
envoyé, comme supérieur au grand séminaire d'Angers. En 1856 il fut
frappé d'une attaque d'apoplexie, qui le laissa paralysé de plusieurs de
ses membres. Il se retira d'abord à la maison de la Solitude, à Issy, et
ensuite au séminaire St-Sulpice à Paris, où il mourut le 11 juin 1863.

exercé une grande influence sur ses condisciples du grand séminaire; ne devait-on pas espérer que son action serait encore plus efficace pour l'heureuse formation des jeunes élèves d'un petit séminaire?

M. l'abbé Sadrin ne s'attendait pas à être nommé sitôt professeur, ce qui d'ailleurs n'était pas l'idéal qu'il rêvait; mais toujours docile à la voix de Dieu, il partit sans hésiter, pour aller remplir les fonctions que lui indiquait l'obéissance. A Ste-Garde, M. Didier, supérieur, et tous les professeurs qui le connaissaient bien, l'accueillirent avec la plus affectueuse cordialité, et lui-même fut heureux de retrouver et d'avoir pour collègues plusieurs de ses condisciples et meilleurs amis du grand séminaire : MM. Bonnet, Saisson, Peyre, Gibert, Martin. La plupart de ces premiers maîtres de Ste-Garde y ont consacré presque toute leur vie à l'œuvre de l'éducation. MM. Saisson et Sadrin ne s'y employèrent que quelques années. Ils devaient tous s'appliquer à soumettre leurs élèves à une discipline respectée et aimée, leur inspirer l'amour de la vertu et l'ardeur pour les fortes études. Or, pour créer ce véritable esprit ecclésiastique, ce n'était pas assez du zèle des jeunes professeurs, qui avaient l'intention de se fixer dans cet établissement, il fallait aussi le concours généreux de quelques âmes d'élite, qui se dépensèrent d'autant plus volontiers, qu'elles comprenaient que leur mission à Ste-Garde n'était que temporaire, parce qu'elles se sentaient appelées à une vie plus parfaite. MM. Saisson et Sadrin allèrent bientôt où Dieu les appelait, l'un chez les Chartreux, l'autre chez les Carmes ; mais en peu de temps ils firent un grand bien à Ste-Garde, surtout comme directeurs de congrégation. M. Saisson y fut chargé de la congrégation de la Sainte Vierge, et M. Sadrin de celle de saint Louis de Gonzague ; ils communiquèrent à leurs congréganistes leur esprit éminemment ecclésiastique, ils allumèrent ce flambeau luisant et ardent que leurs successeurs, comme les coureurs antiques se sont transmis de l'un à l'autre :

Et quasi cursores vitaï sibi lampada tradunt.

(Lucrèce, ii, 78.)

M. l'abbé Sadrin fut professeur à Ste-Garde huit ans et demi. Aimant, par humilité à prendre toujours la dernière place, il aurait voulu, en arrivant, faire la classe la plus humble, la huitième. Mais elle était occupée par M. Bonadona, qui ne voulut pas s'en dessaisir. Alors M. Sadrin se résigna à faire la septième et il la garda trois ans. Il fit ensuite deux ans la sixième et un an la cinquième. En 1839, il dut accepter de faire la troisième, mais l'année suivante, dont il ne passa que la moitié à Ste-Garde, il obtint de reprendre sa chère classe de cinquième. Il ne la garda que quelques mois ; sa santé affaiblie par une grave maladie ne lui permit plus de remplir ses fonctions de professeur.

Il faisait sa classe avec beaucoup de soin ; il avait établi et faisait observer, même dans les petites choses, une grande régularité. Il était ingénieux pour trouver les moyens d'intéresser ses élèves et d'exciter leur émulation. Quand ils avaient bien travaillé, à titre de récompense ou d'encouragement, il leur faisait faire une lecture amusante dans le *Journal des enfants*, et ses anciens élèves se souviennent encore avec plaisir du récit des *Enfants de la vallée d'Argelès*, des *Aventures d'un prisonnier en Russie*, de celles de J. P. P. *Chopart*, etc.

M. Sadrin n'aimait pas de voir ses élèves tristes. Avec son air toujours gai et souriant, il leur donnait l'exemple de la *sainte joie*. Quand il punissait, on voyait bien qu'il le faisait à regret; dans ses réprimandes, il n'employait jamais des expressions triviales ou offensantes; d'une voix grave et compatissante, il piquait bien un peu, comme ferait un grain de sel; assez pour produire la saveur et réveiller l'appétit, mais pas trop, pour ne pas mettre en feu toute la bouche. C'est ainsi qu'il réprimait les saillies des espiègles qui parfois voulaient rire un peu plus qu'il ne faut. On se rappelle encore que quelques uns de ses élèves, lorsqu'ils avaient reçu une somme un peu forte de pensums trop bien mérités, allaient, le samedi, se confesser à lui et revenaient en assurant qu'ils avaient aussi obtenu leur pardon au for extérieur. Le lundi suivant, à la classe du matin, M. Sadrin n'était plus le confesseur mais le professeur, et, selon son habitude, il tirait de son carnet le petit carré de papier sur lequel il inscrivait les punitions infligées, et demandait le pensum qu'il avait donné. Mais plus d'une fois l'élève interpellé se contentait de répondre : « Oh ! Monsieur, vous vous souvenez bien de ce que vous m'avez dit samedi soir. » Et le maître le laissait tranquille et passait à un autre.

« On voyait, nous a dit un élève de M. Sadrin, que son cœur ne trouvait pas grande satisfaction à nous expliquer les auteurs profanes. En cinquième, il nous faisait traduire le *Coq de Lucien*, et il n'avait pas l'air de prendre grand intérêt aux balivernes sur la métempsycose, que cet auteur fait raconter au coq de Micylle. Mais tous les samedis, ou la veille des fêtes, M. Sadrin avait la coutume de terminer la classe du soir, en nous faisant une pieuse exhortation. Alors ce n'était plus le professeur qui nous enseignait, c'était l'apôtre qui nous exhortait. La parole coulait facile et abondante de ses lèvres, son visage se colorait, ses yeux semblaient lancer des rayons, quelquefois il avait la tête et les regards élevés vers le ciel, et pendant quelques instants, il restait immobile et silencieux. Ses allocutions faisaient sur nous une vive impression et nous servaient de préparation aux belles fêtes du séminaire. »

III. — Prédications de l'abbé Sadrin à Ste-Garde

Pour réussir dans l'éducation des jeunes séminaristes, M. l'abbé Sadrin avait reçu un talent précieux qu'il sut faire fructifier : il avait une grande facilité pour parler de Dieu. Dès les années qui suivirent sa première communion, il avait été fidèle à faire oraison aussi bien qu'un religieux, et dans ses lectures il s'était nourri de la doctrine des meilleurs auteurs. Au grand séminaire on avait reconnu sa facilité d'élocution surtout sur les sujets de piété. A Ste-Garde on fit bientôt la même remarque. Un élève qui n'y a vécu avec M. Sadrin que pendant les trois années, où il n'était pas encore sous-diacre, nous a dit, « lorsque M. Didier notre supérieur, soit par nécessité, soit pour nous faire plaisir, se faisait remplacer à l'oraison ou à la lecture spirituelle, c'était pour nous un délicieux régal d'écouter la parole douce, profonde, onctueuse de M. Sadrin qui pénétrait au plus intime de l'âme. »

Quand il fut ordonné prêtre en 1838, il ne lui fut pas difficile de s'acquiter d'un des principaux devoirs du sacerdoce, de la prédication : *sacerdotem oportet prædicare*. Il était toujours prêt à parler aux élèves qui ne se lassaient jamais de l'écouter.

M. Peyre ayant été nommé, en octobre 1837, curé de St-Didier, continua cependant de faire une classe à Ste-Garde. M. l'abbé Sadrin le suppléa d'abord et bientôt le remplaça définitivement comme directeur de la congrégation de saint Louis de Gonzague. Sous sa direction la congrégation fut prospère, il savait attirer les élèves et les exciter à imiter les vertus du jeune saint, leur modèle et leur protecteur. Il les réprimandait et les encourageait en particulier, et dans leurs réunions il les enflammait par les allocutions qu'il leur adressait.

« M. Sadrin, nous a dit un de ses congréganistes, nous faisait souvent la méditation ; il se tenait toujours à genoux ou debout, jamais assis. Quel feu ! quand il nous parlait ; c'était la charité d'un saint, un courant continu d'amour tendre et ardent, qu'il faisait passer dans nos âmes, *accendat ardor proximos.* Parfois il s'arrêtait un peu pour nous laisser méditer et goûter les sentiments qu'il nous avait inspirés. »

Un autre congréganiste nous a rapporté un trait qui lui est personnel. « Dans un moment de découragement, j'avais résolu de ne plus suivre les exercices de la congrégation, je l'avais dit à mon moniteur, qui en avait informé M. Sadrin. Notre dévoué directeur ne tarda pas de me relancer et de me ramener au devoir. Il me fait appeler vers la fin d'une récréation, et après m'avoir fait faire avec lui, en silence, les yeux baissés, et comme accablé de tristesse, deux ou trois va-et-vient sous les arceaux, il me dit d'une voix émue : « Monsieur, croyez-vous que le bon Dieu ne mérite pas que vous l'aimiez ? » J'étais surpris et ne savais que répondre en balbutiant. Mais M. Sadrin d'un ton de plus en plus pénétrant me répète une seconde et une troisième fois : « Croyez-vous que le bon Dieu ne mérite pas que vous l'aimiez ?... » Heureusement pour moi la cloche, en ce moment, sonna la fin de la récréation. M. Sadrin n'ajouta plus un mot, et je m'en allai les bras croisés et les larmes aux yeux, rejoindre mes condisciples, me promettant bien d'être plus sage et plus courageux à l'avenir. »

Toutes les fois qu'à Ste-Garde on préparait les enfants à la première communion ou à la confirmation, M. Sadrin acceptait sa bonne part des instructions à faire. La plupart des élèves assistaient à la retraite de la première communion, au mois de mai 1839, et tous ceux qui sont encore vivants se souviennent que M. l'abbé Sadrin leur fit deux instructions, l'une sur la communion tiède, l'autre sur la communion indigne. Dans la seconde surtout il fut d'une véhémence extraordinaire ; jamais l'incendie de l'amour de Dieu, qui embrasait son âme, ne s'était révélé avec autant d'intensité. L'émotion dont il fut saisi ne lui permit pas d'achever son discours ; ayant prononcé les mots de pureté, d'innocence, il éclata en sanglots, descendit de chaire en déchirant son surplis dont il se dépouilla, et en s'écriant : « Moi, moi, oser parler d'innocence, moi qui ne suis qu'un pauvre pécheur ! » Alors le visage enflammé et ruisselant de sueur, il se prosterna sur le sol devant l'autel de la Sainte Vierge, et il restait là en sanglotant. Les élèves qui s'étaient mis aussi à genoux et pleuraient ne purent le décider à se relever. Il fallut que M. le Supérieur vint faire sonner la cloche et lui commander, au nom de l'obéissance, de se relever.

Jamais retraite ne produisit autant de fruits que celle-là. « Quelle prédication d'un saint, nous a dit un des élèves qui y assistaient ! Quelle contrition, quelle douleur d'un saint d'avoir jadis offensé son Dieu ! »

« C'est de cette prédication, nous a dit un vénérable curé, que date ma conversion. »

Pendant la récréation qui suivit, les élèves achevèrent de déchirer le surplis de M. Sadrin, et s'en partagèrent les morceaux qu'ils gardèrent comme souvenir.

L'année suivante, M. Sadrin prêcha la retraite préparatoire à la confirmation, et un de ses jeunes auditeurs nous a assuré que leur zélé prédicateur, dans une de ses instructions, s'arrêta et resta en extase au moins pendant cinq minutes. « Je ne savais pas alors, nous a-t-il dit, ce que c'est qu'une extase ; je crus que M. Sadrin était fatigué, et ne pouvait continuer de nous parler. »

Des traits de ce genre encore plus frappants nous ont été rapportés.

« Un jour, nous a dit un ancien élève, nous étions en grand congé à St-Barthélemy. M. Sadrin voulut dire son office et, comme le temps était pluvieux, je me présentai pour lui tenir son parapluie, Tout-à-coup il se mit à dire : « Jésus, mon bon Jésus ! » et le voilà pendant quelques minutes, les yeux au ciel, le visage ravi. Je le regardais tout étonné. Quand il revint à lui, il me renvoya en me disant de garder le silence. Je sortais comme d'une méditation d'amour, j'en avais vu le feu. »

Un autre élève nous a raconté les deux faits suivants : « J'allais, avec M. Sadrin et un de mes camarades, rejoindre les élèves en grand congé à St-Barthélemy. Nous avions dépassé la chapelle de St-Roch, lorsque notre professeur, après nous avoir cité quelques traits intéressants, selon son habitude, mit la conversation sur un sujet de piété. Il nous parla du martyre ; peu à peu sa parole s'anime ; nous étions charmés de l'entendre, quand tout à coup il s'arrête, immobile, muet, regardant le ciel ; que voyait-il ?... Puis, après quelques moments, il pousse une profonde aspiration, et, comme s'il sortait d'un rêve, il s'écrie : « Qu'ils sont beaux, mes enfants, qu'ils sont brillants les martyrs ! Quelle chance ! Gagner le ciel à si peu de frais ! Donner son sang pour Dieu ! Ce n'est pas une peine, c'est un plaisir ! »

« Dans la nuit de Noël 1840, après la messe de minuit, j'allai avec les élèves, prendre part au réveillon traditionnel ; après, au lieu d'aller directement au dortoir, je passai par la chapelle où, en ma qualité de sacristain, j'avais à préparer quelques ornements pour les messes qui devaient se célébrer à l'aurore. Je trouvai M. Sadrin prosterné devant la crèche, qui était dans la chapelle de saint Louis de Gonzague. Je passai et repassai plusieurs fois assez bruyamment à côté de lui ; il ne se retourna pas ; il était à genoux, immobile, les mains croisées sur la poitrine, les lèvres souriantes, comme celles du divin Enfant sur lequel il avait les yeux fixés. Je le regardai dans cette attitude pendant une grosse demi-heure, et je voyais que parfois, sa poitrine se soulevait et exhalait de doux soupirs.

« Etait-il en extase ? Il ne m'appartient pas de le dire. Mais cette scène que je contemplai, il y a plus de

cinquante ans, est restée photographiée dans mon imagination, comme si je l'avais vue hier. Combien de temps
dura-t-elle ? Je ne le sais, peut-être jusqu'à la messe de
l'aurore. Lorsque je sortis de l'église, M. Sadrin ne s'en
aperçut pas. »

IV. — M. Sadrin en récréation avec les élèves

Outre ses fonctions de professeur, M. l'abbé Sadrin en
avait d'autres à remplir. Il faisait une classe de chant,
et un de ses élèves nous a dit « qu'il leur recommandait
de chanter du cœur, et qu'il leur en donnait bien
l'exemple lorsque, à la bénédiction du Saint Sacrement,
il chantait l'*Ave verum*. Sa voix avait une telle douceur,
une si suave expression de foi et de piété, qu'elle
semblait venir du ciel. »

Il était aussi chargé de faire à son tour plusieurs
surveillances au dortoir, en récréation, en promenade,
et il s'acquittait soigneusement de tous ces devoirs.
Sa conscience lui aurait bien reproché de laisser un seul
instant les élèves sans surveillance, parce qu'il savait les
fautes qu'on doit leur faire éviter, et le bien qu'on peut
leur faire pendant les jeux, les récréations et les conver-
sations. Aussi bientôt, ne se contentant pas de les
surveiller à son tour, il se constitua surveillant volontaire,
et se mit à assister à toutes les récréations de la petite
communauté. Charmés et attirés par la beauté et la
sérénité de son visage, les enfants l'aimaient et accou-

raient au devant de lui. Il ne les laissait pas se réunir deux ou trois, pour causer mélancoliquement dans un coin de la cour ; il voulait les voir s'amuser, jouer et se donner du mouvement. Se faisant enfant avec les enfants, il leur donnait l'exemple en jouant avec eux. Il mettait en train tous les jeux, et il avait des industries inimaginables pour les varier et en inventer de nouveaux.

C'est ainsi que pendant la belle saison il établissait à l'ombre du clocher, à l'angle des arceaux de la cour, un atelier de cartonnage pour les élèves de la petite communauté. Il leur avait donné sainte Colette pour patronne, et il avait confectionné une bannière, sur laquelle étaient ces mots : *sainte joie !* Quand il arrivait en récréation, agitant son drapeau et criant : *sainte joie !* les élèves, comme s'ils étaient secoués par une décharge électrique, bondissaient en criant plus fort que lui : *sainte joie !* et se mettaient au travail sous sa direction. En confectionnant des boîtes, des cartables, ils ne faisaient pas des chefs-d'œuvre, mais ils riaient, s'amusaient et étaient contents. « D'ailleurs M. Sadrin, nous a dit un de ses élèves, savait toujours diriger et égayer notre conversation, en nous parlant du ciel, des anges, des saints ; nous l'écoutions ravis, sans discontinuer notre petit travail et notre *sainte joie*.

« Quelquefois la séance de cartonnage se terminait par une ovation, à laquelle notre maître d'atelier se prêtait de bonne grâce. Pour nous faire plaisir, il montait sur une table et nous le portions en triomphe autour de la cour. Parfois l'enthousiasme des porteurs, transportés eux-mêmes par la *sainte joie*, transformait ce char triomphal en roche Tarpéienne, d'où le triomphateur ne descendait qu'en faisant la culbute, et en se couvrant de la poussière peu glorieuse de la cour. »

D'autrefois on essayait de le porter dans la cour voisine de la communauté des grands, et quand il y arrivait, on lui criait : « M. Sadrin, vous manquez à la règle, vous sortez de votre communauté. » Et alors il sautait lestement à terre pour rester dans sa cour, et donner l'exemple de la fidèle observation du règlement. Ce bon exemple il le donnait partout ; il était admirable dans sa fidélité aux plus petits points de la règle. Au premier son de la cloche, en classe, en récréation, il quittait tout, laissant inachevé ce qu'il avait commencé. « Que de fois, nous a dit un de ses élèves, je l'ai admiré, lorsque en récréation, dans l'entrain du jeu ou de la conversation, la cloche sonnait. Aussitôt, il gardait un silence absolu et reprenait son air recueilli et contemplatif. La récréation, qu'il avait bien employée, l'avait préparé au nouveau devoir qu'il allait remplir avec une égale perfection. »

Dans les dernières semaines qui précédent les vacances, ses élèves étaient impatients de savoir s'ils auraient des prix, et ils le demandaient à M. Sadrin. « Demain, leur répondait-il, je vous montrerai les noms de ceux qui ont des prix. » Et le lendemain il arrivait en récréation avec une grande feuille de papier sur laquelle il avait mis en gros caractères le titre d'un prix, par exemple le prix de version, et au dessous il avait écrit le nom d'un élève en caractères indéchiffrables, même vus de près. Il traçait dans la cour une ligne que les élèves ne devaient pas dépasser, il allait se mettre quinze pas plus loin, et là il déployait sa feuille de papier. Les élèves ouvraient de grand yeux ; les myopes n'y voyaient rien du tout, les presbytes lisaient bien le titre du prix, mais il ne pouvaient déchiffrer le nom du lauréat. Ainsi se passait la récréation ; les jours suivants on répétait la même scène ; on n'en savait pas plus après qu'avant, mais les élèves s'étaient bien amusés ; c'était aussi ce que voulait leur maître.

Etait-ce pour son plaisir, pour suivre ses goûts, que M. Sadrin jouait avec tant d'ardeur avec ses élèves ? Certes non. Il aurait bien mieux aimé rester dans sa cellule, ou devant le saint tabernacle, pour y suivre l'attrait qui le portait à la prière et à la contemplation. Il était venu à Ste-Garde conduit par l'obéissance, pour travailler à l'éducation des élèves du sanctuaire ; c'était là ce que Dieu voulait de lui, et il s'efforçait d'accomplir cette divine volonté ; il y appliqua toutes ses facultés ; il y mit son temps, sa santé ; il donnait sa journée aux élèves, et après avoir prié une bonne partie de la nuit, le peu qui en restait, il l'employait au sommeil.

En 1821, avant d'écrire les Règles que lui demandaient les fondatrices de la Congrégation enseignante des Sœurs de Sainte-Clotilde, le Père Rauzan leur dit : « Plus je

— 43 —

réfléchis, et plus je demeure convaincu qu'on n'accep-
tera pas entièrement mes idées ; car vous ne savez pas
tout ce que j'exigerai. Selon mes vues, les religieuses
devront se faire élèves avec leurs élèves, vivre pour elles,
avec elles, comme elles. Je n'autoriserai aucune pratique
qui puisse les distraire de leur œuvre. Elles n'auront
point de cellules, point de réfectoire de communauté,
elles coucheront dans les dortoirs des élèves, et prendront
avec elles leurs repas et leurs récréations. »

Les Sœurs de Sainte-Clotilde acceptèrent et suivirent
les règlements du Père Rauzan ; aussi elles réussirent
dans l'œuvre de l'éducation.

M. Sadrin avait vu les professeurs du petit et du grand
séminaire d'Avignon s'astreindre à une règle conforme
aux vues du Père Rauzan ; il la trouva aussi en vigueur
à Ste-Garde, et il se mit à l'observer, et dans ses
préceptes, et dans ce qui n'était que de conseil. Il avait
une très haute idée de ses fonctions. Quoi de plus
grand que de diriger l'âme des enfants, et de former
leurs mœurs, leur caractère ? Voilà pourquoi, comme
le dit saint Jean Chrysostôme, il jugeait qu'il ne devait
rien omettre de ce qui paraît trop humble et vil ;
tout lui semblait supportable et facile [1].

1. *Quid majus quàm animis moderari, quàm adolescentulorum fingere
mores? Igitur nihil omittamus eorum quæ humilia viliaque nimium
videntur ; omnia tolerabilia faciliaque, oro, videantur* (S. Jean Chrysostôme). Bréviaire, 27 août, Office de S. Joseph Calasanz, illustre instituteur
de la Jeunesse, et, 4 mai, Office du B. Jean-Baptiste de la Salle, fondateur
des Frères des Ecoles chrétiennes.

V. — Influence que M. Sadrin exerçait
par ses vertus

Par ses allocutions, par sa gaîté et son entrain en récréation, M. l'abbé Sadrin a laissé dans l'esprit de ses élèves des souvenirs qui, après plus d'un demi-siècle, y sont encore gravés en traits ineffaçables. Mais tous les jours, sans y penser, il leur faisait une prédication plus efficace par l'exemple de ses vertus. Il avait beau les cacher, ses élèves, qui avaient encore de meilleurs yeux que de bonnes oreilles, savaient bien les discerner; ils l'admiraient, et comme les exemples sont entraînants, *exempla trahunt*, ils étaient édifiés et portés à l'imiter.

« J'étais élève à Ste-Garde, nous a écrit un vénérable curé octogénaire, lorsque M. Sadrin y arriva, et j'y ai vécu près de trois ans avec lui. Sa conduite m'a constamment édifié, et le souvenir de ses vertus ne s'est jamais effacé de ma mémoire. J'avais surtout remarqué sa piété, son respect intérieur qui rejaillissait au dehors. Je me souviens surtout de ses paroles enflammées, qui gagnaient tous les cœurs et nous inspiraient l'amour de Dieu. Je l'ai toujours regardé comme un apôtre et un saint. »

Un autre élève de la même époque [1] nous a aussi écrit ses souvenirs : « Je suis heureux de répondre à votre demande et de me reporter vers cette maison

1 Le R. P. Lazard, chanoine honoraire, missionnaire de N.-D. de Ste-Garde, décédé à Orange, le 4 mai 1897.

bénie, où s'écoulèrent quatre des plus belles années de ma jeunesse, avec tant de pieux et sympathiques condisciples. C'est toujours un nouveau plaisir pour moi de revivre, avec ces maîtres aimés autant que vénérés, qui s'appelaient MM. Didier, Trouchet, Bressy, Bonnet, Peyre, Martin, Bonadona, Gibert, Corenson... C'était l'âge d'or du séminaire de Ste-Garde. Mais, parmi toutes ces physionomies inoubliables, se présente avec un relief plus accentué la figure du pieux et séraphique professeur de septième, M. l'abbé Sadrin. Il était aux yeux de tous le saint de la maison. A travers son front calme et serein, son regard doux et profond, on admirait une âme pénétrée de la présence de Dieu, une âme en adoration perpétuelle; même lorsqu'il remplissait ses devoirs de professeur et de surveillant, en classe, en récréation, au milieu des jeux et des ébats les plus animés de cette bruyante jeunesse. On peut facilement s'imaginer ce qui devait se passer entre cette âme et Dieu, lorsqu'elle pouvait suivre son attrait pour la prière et la contemplation. »

Un autre élève qui n'a connu M. Sadrin que pendant les dix-huit derniers mois qu'il a passés à Ste-Garde, nous a dit: « J'étais alors bien jeune et cependant la vie édifiante de ce prêtre faisait sur mon âme une vive impression. J'étais frappé de sa condescendance et de sa patience pour se mêler, en récréation, aux jeux des élèves, et supporter les contrariétés que les espiègles lui faisaient subir. C'est en vain qu'il cachait son amour

pour les mortifications. Le cilice et les disciplines, que
l'on trouva dans sa chambre pendant sa maladie,
indiquèrent assez ce qu'il s'imposait de souffrances
volontaires. J'avais d'ailleurs remarqué qu'en récréation,
dans le jeu de la tape, lorsqu'on frappait sur son dos,
il se tordait avec effort; c'était sans doute pour faire
ressortir les pointes du cilice qui étaient entrées dans
sa chair innocente.

« J'avais pour lui une profonde vénération, et je me
disais: C'est un saint, un jour il fera des miracles. »

D'après ces souvenirs des anciens élèves, les deux
vertus qu'ils avaient le plus remarquées en M. Sadrin,
étaient sa mortification et sa piété.

VI. — *Mortification de M. Sadrin*

En arrivant à Ste-Garde, l'abbé Sadrin qui s'était déjà
depuis longtemps exercé à la mortification, ne se
contenta pas de pratiquer les abstinences et les jeûnes
prescrits; il n'usa pas des permissions bien restreintes
que l'Eglise accordait alors. A cette époque, une bonne
partie des professeurs du petit séminaire faisaient
maigre, tout le temps du carême, et pour cela ils se
mettaient à une table à part. M. Sadrin ne manquait
pas d'y prendre place. Si on l'avait laissé faire, il aurait
jeûné toute l'année. On s'aperçut que souvent il ne
venait pas déjeuner, et pour l'y obliger, on le chargea
de surveiller les élèves pendant ce repas. Il vint alors

au réfectoire, mais il y faisait un bien mince déjeuner.
« J'étais tout près de lui, nous a dit un élève, je
l'observais, et je puis certifier qu'il ne mangeait presque
rien ; il émiettait un petit morceau de pain, il épluchait
un fruit, et c'était là tout son déjeuner. »

Il ne mangeait que pour satisfaire le strict besoin de
la nature, et ce besoin il cherchait toujours à le restreindre. Il avait fini par manger si peu, que M. Didier
son supérieur, le fit, pendant quelque temps, placer à
table à côté de lui, pour lui commander de manger, et
s'assurer de l'exécution de ses ordres. Alors vraiment
M. Sadrin, ne pouvant suivre son attrait pour la mortification, trouvait que ses repas étaient l'occasion d'une
grande pénitence ; il y allait comme à un supplice, *ad
alimenta tamquam ad tormenta.*

Par esprit de pénitence, il cherchait toujours l'occasion de se mortifier ; il se tenait toujours debout devant
son bureau à sa chambre, et sur sa chaire en classe.
S'il lui arrivait de s'asseoir par égard pour ses confrères,
ou pour les étrangers, il s'ingéniait pour trouver une
position qui ne lui faisait trouver aucun plaisir à rester
assis.

En fait de meubles, de vêtements, de linge, il se
réduisait au plus strict nécessaire. Durant les hivers les
plus rigoureux il ne portait jamais de manteau, de
douillette, de cache-nez, il n'employait aucun de ces
moyens, dont on ne sait plus se passer, pour se
garantir du froid. La même soutane lui servait en toute

saison. Plusieurs fois les élèves comprirent qu'il portait un cilice, et un jour, dans l'entrain de leurs jeux, ils s'aperçurent que leur maître était ceint d'une chaîne de fer.

Même dans les journées les plus froides il n'allumait jamais du feu dans sa chambre ; on l'y voyait réciter son office, tête nue et les fenêtres ouvertes. Il ne mettait jamais de gants, et ses mains, en hiver, sous l'action du froid étaient couvertes de gerçures et d'engelures saignantes. Souvent dans les nuits les plus froides, il couchait les pieds nus et découverts. C'est ainsi qu'il s'endurcissait et faisait son apprentissage de la vie des Carmes déchaussés.

Dans une lettre datée de Ste-Garde, l'abbé Sadrin indiquait à sa mère les motifs qui lui faisaient rechercher toutes ces souffrances.

« Dans cette saison de l'hiver, lui écrivait-il, on prend beaucoup de précautions pour se garantir du froid ; il faut néanmoins en endurer, quoi que l'on fasse. Ces peines absolument inévitables nous servent de satisfaction ou de mérite pour la gloire immortelle, si on les accepte comme nous venant de la main de notre Bon Père qui est dans le ciel. Nous regretterons un jour d'avoir omis volontairement les bonnes œuvres que nous aurions pu faire. Travaillons donc pour le Ciel ; tout sert pour la vie éternelle. Notre-Seigneur Jésus-Christ est si miséricordieux qu'il daigne accepter, pour l'expiation de nos offenses, toutes les peines qui nous

surviennent : celles que nous ne pouvons pas éviter et
même celles dont nous voudrions nous préserver,
pourvu que nous disions à notre aimable Sauveur :
« Mon doux Jésus, je vous l'offre. »

Dans une autre lettre à sa mère, il disait : « Supportons
avec une sainte joie nos misères et les peines que le
Bon Dieu ne nous envoie que dans sa miséricorde, afin
de nous faire obtenir une plus grande récompense. Les
souffrances de cette vie ne doivent pas être comparées
aux trésors immenses et à la gloire éternelle que nous
méritons. Elles doivent nous paraître bien précieuses
puisqu'elles contribuent tant à nous perfectionner.
Souffrons donc avec Jésus, et nous serons glorifiés avec
Jésus. »

On voyait que l'abbé Sadrin avait un grand attrait
pour la mortification. Dieu qui le destinait à la vie
parfaite dans un des ordres les plus austères, lui avait
fait comprendre que, pour *suivre d'aussi près que
possible* les exemples de Jésus-Christ [1], il devait souffrir
et haïr son âme pour la sauver. Correspondant à cette
grâce il avait conçu une telle soif de la souffrance et
un si ardent amour de la Croix, que parfois il dépassait
la mesure de la prudence, et qu'on était obligé de
restreindre les pieux excès de ses austérités. Mais l'attrait
de la grâce divine le ramenait bientôt à ses pratiques
de pénitence ; souffrir c'était pour lui un gain, un

1. Quam proximè te sequar (Exercitia spiritualia Sti Ignatii).

progrès, un avancement vers le but où il tendait. Par cette haine qu'il avait pour lui-même, il se dépouillait de ses défauts ; par ses mortifications continuelles, il devenait semblable au grain de froment qui meurt en terre pour porter du fruit. Lui aussi dès lors produisait des fruits merveilleux de sanctification, et il devait en produire encore de plus grands. Il se passait de tout, se détachait de tout, et surtout de lui-même ; et rien ne l'empêchait de s'envoler vers les régions pures et sereines de la contemplation où il reposait doucement en Dieu. — Plus il devenait conforme à Jésus crucifié, plus il goûtait dès ici-bas les délices des divines consolations, et plus il avait de puissance pour attirer les âmes et les donner à Dieu.

VII. — Piété de M. Sadrin

L'abbé Sadrin avait reçu de Dieu le don de piété, et dès son enfance il avait suivi son attrait pour la prière et les exercices religieux. Il était déjà bien avancé dans les voies spirituelles, lorsqu'il vint à Ste-Garde, cette maison bénie que la Sainte Vierge s'était choisie, en manifestant sa volonté par des signes merveilleux. Il était heureux d'y retrouver des condisciples et amis, qui conservaient leur ferveur et leur régularité de grands séminaristes, pour les communiquer à leurs élèves. Le recueillement et la tranquillité qui régnaient dans ce petit séminaire situé à la campagne, les fêtes qu'on y célébrait, l'esprit religieux des populations voisines, tout le charmait. Il a exprimé lui-même ses douces impressions dans ses lettres à sa mère et à sa sœur. — Son père était mort à l'âge de 61 ans, le 13 février 1835.

Il écrivait à sa mère : « Que je dois bénir le bon Dieu de l'heureux sort qu'il m'a donné ! Du matin au soir, nous sommes occupés au salut des âmes. Quelle différence entre nos occupations et celles des autres hommes ! Ici tout me porte sans cesse à penser à Dieu, et à m'avancer dans son saint amour. Que la Sainte Vierge a été bonne de me choisir pour travailler dans cette solitude à la gloire de son fils ! Les bons exemples de mes confrères, l'éloignement du monde, la piété des bons habitants de la paroisse voisine de St-Didier, les souvenirs des Pères Gardistes qui ont habité cette maison si sainte, si respectée de toutes les personnes religieuses qui la connaissent, ce sont autant de motifs bien puissants de me détacher de la terre, et de n'avoir d'autre désir que d'aller bénir le bon Dieu dans le ciel, avec les saints, sans en être encore empêché par les misères de cette vie. »

Dans une lettre à sa sœur, l'abbé Sadrin se montre bien édifié par les longues processions que les populations du Comtat venaient faire au tombeau de saint Gens. « Voici qui est bien touchant, lui écrit-il, il vient tant de processions à saint Gens pour demander la pluie, que nous ne pouvons plus les compter. On y est venu de Carpentras, d'Aubignan, de Velleron, du Thor, de Monteux, des

Paluds, de Venasque.... Elles se font avec beaucoup de dévotion. A celle de Carpentras il y avait plus de cinq mille personnes; M. le curé Guérin caracolait à cheval, pour remplir ses fonctions de maître de cérémonies et maintenir le bon ordre; tout allait le mieux du monde. Il y avait des pénitents de trois couleurs, gris, noirs et blancs, des hommes à cheval, et des messieurs et des dames qui suivaient en voiture.

« Des gens de toute condition sont venus solliciter les grâces du ciel, dans le désert où saint Gens a vécu, où il est mort si saintement; ces braves gens sont pénétrés de respect, et par leurs chants ils nous impressionnaient vivement. De Ste-Garde nous les voyons et nous les entendons, lorsqu'ils traversent le pays de St-Didier. Nous ne pouvons comprendre les paroles que chantent des voix nombreuses, animées, mêlées et confondues; mais il nous semble entendre les cris d'une multitude suppliante et pénétrée d'une respectueuse confiance.

« Tandis que j'écris, il passe deux ou trois processions à St-Didier; et à Courthézon on fait la fête patronale. Voici les réflexions qui m'assiègent. Hélas ! quelle différence ! Ne s'efforce-t-on pas, là-bas, d'empêcher le bien que ces braves gens veulent ici obtenir. Je me dis à moi-même : à l'instant où tant de vœux s'adressent ici à Dieu, il monte du milieu de mon pays natal, vers le ciel, des blasphêmes, des excès, des fautes qui se commettent dans les cabarets, les bals. Quels sont ceux que Dieu écoutera? Les péchés des uns ne seront-il pas préjudi-

ciables aux prières des autres ? La douce pensée, que le
Bon Dieu aime mieux faire miséricorde que justice, me
fait espérer que l'on obtiendra tout ce que l'on demande,
et même que les bonnes œuvres des uns obtiendront
miséricorde pour les autres. »

L'abbé Sadrin était charmé de la piété de tous ceux
qui l'entouraient à Ste-Garde, et tous le regardaient
comme un modèle d'édification. Ses anciens élèves se
souviennent qu'il leur recommandait souvent la
dévotion aux saints Anges et aux âmes du Purgatoire.
« Mes amis, mes bons amis, leur disait-il, si vous saviez
tout ce qu'on peut obtenir par les âmes du Purgatoire ! »
Il faisait sans doute allusion aux grâces qu'il avait
obtenues, et qu'il gardait cachées dans le secret de son
humilité. — Etant directeur de la Congrégation de
saint Louis de Gonzague il exhortait les jeunes séminaristes à imiter les vertus de leur saint patron dont il
était lui-même le dévot et fidèle imitateur.

VIII. — Sa dévotion à la Sainte Vierge et au Saint Sacrement

M. l'abbé Sadrin avait une grande dévotion à la Sainte
Vierge. Il l'appelait sa bonne Mère, et il avait en elle la
plus entière confiance. « Prions-la de toute notre âme,
écrivait-il à sa sœur, prions-la sans cesse, et soyons bien
sûrs d'obtenir les grâces que nous lui demandons. »
On le voyait souvent le chapelet à la main, et quand il

était de surveillance au dortoir, souvent bien avant dans la nuit, le bruit léger que faisaient entre ses doigts les grains de son rosaire trahissait sa présence. Il priait pour les élèves pendant leur sommeil. Plusieurs fois on le vit comme un ange gardien, agenouillé au pied d'un lit, réciter le chapelet pour obtenir la conversion de l'enfant endormi, dont la dissipation et la légèreté étaient pour lui un sujet d'inquiétude.

M. Sadrin était heureux d'habiter une maison consacrée à la Sainte Vierge et d'y célébrer ses fêtes. Il écrivait à sa mère, le 5 février 1841 : « Voici des nouvelles bien édifiantes. Nous venons de célébrer la belle fête de la Purification de la Très Sainte Vierge. Tous les élèves se sont approchés des sacrements, et, avant la grand'messe, nous avons fait la procession autour de la maison. J'ai profité de ce beau jour pour remercier notre divine Mère de toutes les grâces qu'elle m'a obtenues de son divin Fils... — Eh ! qui pourrait dire ce que nous devons à Notre-Seigneur Jésus-Christ, pour le bonheur que nous avons eu de naître au sein de la sainte Église, de recevoir le baptême et les autres sacrements, (la fête de la Purification était le jour anniversaire de son baptême). Pour une seule fois que nous eussions reçu le pardon de nos fautes au tribunal de la pénitence, où le sang de notre miséricordieux Rédempteur a si souvent lavé nos âmes, nous devrions, et ce ne serait pas trop, passer le reste de notre vie dans la plus grande fidélité à répondre soigneusement, à tout ce que Dieu demande de nous. »

Les élèves avaient bien remarqué aussi la dévotion de M. Sadrin au Très Saint Sacrement; ils admiraient sa modestie à l'église, où il se tenait agenouillé, les bras croisés, sans s'appuyer sur l'accoudoir; ses yeux ne s'ouvraient que pour regarder le tabernacle, où sa foi lui révélait la présence de Jésus-Christ. Dans la journée, il allait plusieurs fois adorer le Saint Sacrement, et, la nuit, lorsque tous reposaient, et qu'il n'avait pas de surveillance à faire au dortoir, il passait de longues heures prosterné devant le saint tabernacle. Bien des fois il y est resté en adoration, la nuit entière; et M. Didier, supérieur, eut à regretter d'avoir facilité ses pieux excès, en lui assignant une chambre qui communiquait avec la tribune établie sur un des côtés du sanctuaire.

Quand il priait et surtout quand il était devant le Saint Sacrement, il demandait avec confiance les grâces qu'il désirait. « Qu'il est consolant, disait-il, de nous rappeler les paroles du divin Sauveur de nos âmes : *Tout ce que vous demanderez à mon père en mon nom vous sera accordé.* Demandons par conséquent, au nom adorable de Jésus et rien ne nous sera refusé. »

« L'attrait de l'abbé Sadrin dans l'oraison, nous a dit un de ses collégues à Ste-Garde, était de se tenir en contemplation en la présence de Dieu. » Il devait bien faire lui-même ce qu'il recommandait avec tant d'instance, à la fervente piété de sa mère et de sa sœur : « Je vous conjure, en me mettant à genoux à vos pieds, leur écrivait-il le 3 mars 1841, priez le plus qu'il vous

sera possible, de la manière que je vais vous indiquer.
A la maison, à l'église, quand vous faites vos prières, ne
parlez pas tout le temps au Bon Dieu, mais restez
devant Notre-Seigneur sans rien dire, comme font les
pauvres qui vous demandent l'aumône; après deux ou
trois mots, ils restent en silence à la porte. Agissez de
même. Des grâces immenses sont attachées à cette
pratique; soyez-y bien fidèles, et ne vous mettez pas en
peine des distractions qui vous viendront dans l'esprit,
mais restez comme des statues le plus que vous pourrez
devant le Bon Dieu.

« Vive Jésus! doux Jésus, apprenez-nous à rester
devant vous sans rien dire, comme faisait votre divine
Mère. [1] »

IX. — Ferveur de M. l'abbé Sadrin en disant la sainte Messe

La ferveur de M. Sadrin pour le Dieu de l'Eucharistie
fut encore plus grande lorsque, ordonné prêtre, il monta
à l'autel pour y célébrer les saints Mystères.

Il avait certainement désiré d'être prêtre, mais l'idée
qu'il avait conçue du sacerdoce était si élevée, qu'il
s'en jugeait indigne, et qu'il redoutait d'assumer une

---

1. Bossuet a recommandé la même méthode d'adoration : « Allez au pied
de l'autel, contemplez-y Jésus-Christ dans ce sacrement où il se cache.
Demeurez-y en silence ; ne lui dites rien, regardez-le et attendez qu'il vous
parle (*Discours sur la vie cachée en Dieu*).

charge formidable même pour les anges. Quand il fut
envoyé à Ste-Garde, il avait reçu depuis plus de deux
ans les ordres mineurs, et il resta encore près de quatre
ans, sans faire le pas décisif du sous-diaconat. Enfin
répondant à l'appel et aux instances de ses supérieurs et
directeurs, il fut ordonné sous-diacre le 29 mai 1836, en
même temps que son collègue, M. Gibert. Mais alors il
ne se hâta pas de franchir le dernier degré qui le
séparait du sacerdoce, il voulut garder fidèlement les
interstices ; il fut ordonné diacre le 20 mai 1837, et
prêtre le 9 juin de l'année suivante.

Aussitôt après son ordination il revint à Ste-Garde,
où l'on se souvient qu'il ne put se décider à monter de
suite à l'autel, ce ne fut qu'après plusieurs jours de
recueillement et de prières qu'il célébra sa première
messe. « Qu'il était beau, a dit un de ses élèves [1],
lorsqu'il disait la messe ! son visage enflammé res-
plendissait d'une beauté angélique. Sa ferveur était
manifeste ; il ne paraissait plus un homme, mais un
ange. Un jour qu'il me parlait du bonheur qu'il avait
d'offrir le saint sacrifice, il me dit : Oh ! mon cher
enfant, vous ne sauriez imaginer la peine qu'on éprouve
à descendre de l'autel, pour s'occuper des choses
d'ici-bas. »

_____

1. M. l'abbé Germain, aumônier de l'hospice Benoit, à L'Isle, décédé le
13 février 1897. Avant d'être aumônier à l'Isle, M. Germain était resté
trente-deux ans professeur à Ste-Garde, de 1848 à 1880.

C'est sans doute à cause de cette peine de quitter l'autel, ou plutôt du bonheur d'y rester, que M. Sadrin mettait un temps considérable à dire la messe, surtout lorsqu'il en avait le loisir, et qu'il avait quelque grâce à obtenir. Il prit un jour le surveillant des grands, M. Laurent, pour son servant de messe : « J'ai aujourd'hui, lui dit-il, à demander à la messe une grâce à laquelle j'attache un grand prix ; je serai un peu long, ayez la bonté de patienter un peu et de prier pour moi. » En effet, il mit une heure et demie à dire sa messe.

En offrant le saint sacrifice avec tant de ferveur, il ne manquait pas d'obtenir toute sorte de grâces, et il voulait s'en montrer reconnaissant. « Je me garderai bien, écrivait-il à sa mère, le 15 février 1841, de vous oublier, devant le Bon Dieu et la Très Sainte Vierge. Oh ! bien certainement que Notre-Seigneur Jésus-Christ nous fera participer aux grâces infinies, qu'il désire avec tant d'ardeur de communiquer à toutes les âmes qu'il a rachetées de son sang adorable. Jésus est notre tout, il est notre centre, notre consolateur, notre repos. Quand vous avez le bonheur de vous trouver en sa sainte présence, demandez-lui s'il vous plaît, de m'accorder la grâce de lui être bien reconnaissant pour toutes les faveurs, dont il daigne me combler tous les jours au saint autel, où j'ai le bonheur de l'offrir à son Père ; je le prie aussi pour vous, pour que vous profitiez de toutes les grâces que je lui demande pour votre sanctification. Soyez persuadée que ces grâces sont infinies, parce que Jésus-Christ ne peut rien me refuser, quand j'ai le bonheur de tenir cet adorable Sauveur entre mes mains. Oh ! félicité ! Oh ! Paradis anticipé ! »

X. — *Relations de l'abbé Sadrin avec ses parents, il leur fait prévoir son départ pour un monastère*

A Ste-Garde, personne ne se faisait illusion sur la vocation de M. l'abbé Sadrin ; on était persuadé qu'il ne tarderait guère de suivre l'exemple donné par l'abbé Saisson, et d'aller, comme lui, s'enfermer dans un cloître. Il ne parlait pas de ses désirs, de ses projets à ses collègues; il n'en avait guère l'occasion, parce qu'il restait rarement avec eux ; pendant les récréations il était avec les élèves, et le reste du temps il l'employait à l'étude, dans le silence de sa petite cellule, ou bien à l'église où il passait de longues heures à prier.

En vacances, il faisait d'abord une courte visite à ses parents, et bientôt sans dire à personne où il allait, il partait pour se rendre dans quelque monastère, et y faire une grande retraite, plongé dans la solitude et les communications intimes avec Dieu. Là, il était au comble du bonheur, parce que Dieu le favorisait des plus grandes grâces. Il en parlait à sa mère et à sa sœur dans sa lettre du 4 septembre 1840. « Ma chère mère, écrivait-il, je suis à Ste-Garde sous la protection de la Très Sainte Vierge. En quelque lieu du monde où l'on se trouve, on est toujours dans les cœurs sacrés de Notre-Seigneur Jésus-Christ et de sa divine Mère.

« Je viens de faire ma retraite, dans laquelle le Bon Dieu m'a accordé de bien grandes grâces. Je vous prie de faire quelques prières pour remercier la divine Providence du soin qu'elle a daigné prendre de moi. Daigne Notre-Seigneur me faire continuellement penser aux bontés infinies, dont il ne cesse de me combler. Je me crois obligé de vous rappeler à vous-même la grande amitié, que ce tout aimable et tout débonnaire Sauveur a pour votre enfant. Quand vous êtes à l'église, n'oubliez pas que vous êtes devant mon Bienfaiteur, mon Tout. Augmentez tous les jours votre reconnaissance pour le divin Maître, parce que tous les jours et à toutes les heures, je reçois de sa miséricorde et de sa tendresse de nouvelles marques de la bonté infinie qu'il a toujours eue, et qu'il aura toujours pour moi ; et toi, ma sœur, je te prie aussi de remercier et d'honorer notre divin Maître, en considération de tout ce qu'il accorde de bienfaits à ton frère. »

Si M. Sadrin demandait avec tant d'instance, à ses parents de remercier Dieu des grâces qu'il en recevait, il se sentait encore plus pressé de témoigner lui-même sa reconnaissance ; il se faisait cette demande : *quid retribuam Domino, pro omnibus quæ retribuit mihi?* et la réponse était d'être généreux au service de Dieu, de ne lui rien refuser et d'accomplir en tout sa sainte volonté. C'est ce qu'il écrivait à sa mère, le 28 janvier 1841 : « Je vous prie de vouloir bien demander au Bon Dieu que *sa très sainte volonté* s'accomplisse en moi ;

c'est en cela seulement que nous devons mettre toute notre joie. Oh! qu'il est agréable d'être indifférent pour la vie ou la mort, pour la santé ou la maladie, pour la pauvreté ou les richesses, pour les plaisirs ou les afflictions! Oh! que l'on est heureux quand on ne désire que le *bon plaisir de Jésus!* »

Dans cette même lettre, l'abbé Sadrin disait à demi mots à sa mère en quoi consistait *ce bon plaisir de Jésus*. « Je ne pourrai aller vous voir, lui écrivait-il, mais l'absence ne diminue en rien la force de mes sentiments; si je ne me trouve pas auprès de vous, je n'en suis que plus rapproché en esprit dans mes prières. La pensée que nous nous verrons, un jour qui n'est pas éloigné, réunis tous ensemble *dans le ciel*, est bien propre à ne pas nous faire regretter les *sacrifices*, que nous *ordonne* la divine Providence. »

Il indiquait ainsi assez clairement que Dieu lui demandait une plus grande séparation d'avec sa famille; il se disposait à faire ce *sacrifice* et il voulait y préparer ses parents. Il ne provoquait pas leurs visites à Ste-Garde et il allait les voir rarement. Ses neveux se souviennent, que lorsqu'il arrivait, le soir à l'entrée de la nuit, il frappait à la porte de la maison paternelle comme un étranger qui demande l'hospitalité; mais on le reconnaissait bien vite au son de sa voix, et on le recevait comme un fils bien aimé. Lui aussi aimait ses parents et, en pressentant que Dieu lui demandait de s'en aller loin d'eux, il éprouvait un véritable déchirement de cœur. Il y avait en lui une lutte entre deux sentiments : celui qui l'attachait à ses parents, et celui qui l'attirait là où Dieu le voulait. Sa mère, sa sœur, son frère auraient voulu le retenir près d'eux, et Dieu l'appelait à la vie parfaite dans un cloître lointain. C'est Dieu qui devait l'emporter. Notre-Seigneur a dit : *Celui qui aime plus ses parents que moi n'est pas digne de moi.* M. Sadrin était digne de Jésus-Christ et voulait toujours l'être.

Son amour pour Dieu ne faisait qu'augmenter et épurer son affection pour ses parents. Dans ses lettres, il montre combien il les aime tous, et comment, séparé d'eux, il s'applique à contribuer à leur vrai bonheur. Il écrivait à sa mère, le 25 juin 1839 : « Je vous souhaite, vous le savez bien, tout ce qui vous est nécessaire pour votre plus grand bonheur. Je prie tous les jours le Bon Dieu pour vous, et je ne fais que mon devoir, c'est bien sûr. Je n'ai qu'un regret, c'est de n'être pas assez fervent, pour mériter d'obtenir de Notre-Seigneur des grâces plus abondantes qu'il m'accorderait, si je travaillais avec plus d'ardeur à son service. Mon respect et ma reconnaissance pour vous sont de bien grands motifs, qui me portent à bien accomplir tous mes devoirs, persuadé que je ne puis mieux travailler à augmenter votre bonheur dans le Ciel et sur la terre, qu'en faisant tous mes efforts pour croître en sainteté sous les yeux de notre adorable Seigneur. Vive Jésus ! Je ne voudrais parler, penser, désirer, que pour la gloire de Jésus. Je l'ai recommandé à ma sœur, je vous le recommande bien encore. »

Il témoignait pareillement une affection toute chrétienne à tous les membres de sa famille. « Dis à tous nos chers parents, écrivait-il à sa sœur, qu'il n'est pas de jours que je ne pense plusieurs fois à eux, dis-leur de faire tous leurs efforts, pour que nous nous voyions au Ciel, puisque la Providence nous a séparés sur la terre. Fais-leur sentir que la plus grave de mes peines, c'est de penser qu'il ne sont peut-être pas tous aussi religieux qu'ils le devraient. »

Dans sa lettre du 4 septembre 1840, il disait : « Je souhaite à mon cher frère et à toute sa famille tout le bien que le Bon Dieu me fait à moi-même. Ah ! je ne dois pas vous cacher que, lorsque je considère les grâces que le Bon Dieu me fait, je brûle du désir de vous les communiquer à tous. » Il s'intéressait beaucoup au salut de son cher frère, et il parlait souvent de lui dans ses lettres ; il lui écrivait, le 28 janvier 1841 : « Je te souhaite, bien cher frère, ainsi qu'à toute ta famille toute sorte de prospérités ; je te recommande de vivre en bon chrétien, et de penser que nous ne sommes pas pour toujours sur la terre, et que cette vie est courte. Que de parents, que de voisins ne sont plus autour de nous ! Ils ont fait le chemin que nous ferons bientôt ; vivons donc, comme nous voudrions avoir vécu, quand nous paraîtrons devant le Bon Dieu. S'il en coûte un peu pendant la vie pour pratiquer les devoirs de religion, on en est bien dédommagé au moment de la mort. Voilà ce que je me sens pressé de te rappeler ; puisque je consacre ma vie à procurer le salut des hommes, puis-je ne pas éprouver un vif désir de vous conseiller à tous de penser à votre salut éternel? Je vous souhaite bien à tous le vrai bonheur, que notre sainte religion seule peut procurer à ceux qui servent le Seigneur. »

Dans une autre lettre à sa mère du 3 mars 1841, il disait : « Je remercie bien mon frère d'être venu me voir pendant ma maladie. Qu'il ne doute pas de l'attachement sincère que j'ai toujours pour lui. Rappelez-lui, s'il vous plaît, l'état où il m'a vu. Dites-lui de faire son possible pour bien remplir ses devoirs de chrétien. Certes, le ciel vaut bien plus que tout ce que l'on peut gagner sur la terre. On n'emporte pas ses terres, ni son argent, ni ce que l'on possède. Nos bonnes œuvres, voilà ce qu'il fait bon présenter au tribunal du souverain Juge. »

XI. — *Maladie de l'abbé Sadrin*

L'abbé Sadrin était moribond, lorsque dans les premiers jours de janvier 1841, sa mère et son frère vinrent le voir à Ste-Garde. Il fut, par imprudence, la cause de sa maladie. Dans les derniers jours du mois de décembre, en revenant d'une promenade, où il avait accompagné les élèves, il essuya une pluie battante, et il arriva tout trempé. Il eut soin de faire changer de vêtements aux élèves ; et il s'abstint de prendre cette précaution, parce qu'il était dur pour lui et voulait s'habituer à se passer de beaucoup de choses. Mais il ne tarda pas d'éprouver un grand refroidissement, dont les conséquences furent une fièvre violente et un transport au cerveau. Il s'alita et endura son mal avec beaucoup de patience. Ce qu'il supportait plus difficilement, c'étaient les attentions et les soins, dont l'entouraient ses collègues et les élèves qui se succédèrent auprès de lui pour le veiller. Il ne voulait prendre aucune potion, qu'après avoir été aspergé d'eau bénite, et comme un de ses garde-malade ne lui en donnait pas assez, il prit lui-même le goupillon, l'enfonça au fond du bénitier et le lui remit en disant : « Aspergez maintenant. » L'élève alors l'inonde d'eau bénite. « Ah ! bien, dit le malade, je la sens maintenant. »

Son état s'aggrava bien vite, et toute la communauté fut dans la consternation. Au lieu de se livrer à leurs jeux bruyants, en récréation, les élèves étaient tristes, silencieux et désireux de savoir si leur maître allait mieux ; ils enviaient ceux qui étaient admis à le soigner. On informa ses parents de sa maladie. Sa mère accourut, et elle eut la douleur de trouver son fils en danger de mort. Il demandait les derniers sacrements, et il fallut se préparer à les lui administrer. M. le Supérieur lui porta le saint viatique, entouré de Messieurs les Professeurs et seulement de quelques élèves. Les autres, qui étaient à la salle d'étude, ne pouvaient retenir leurs larmes ; et leur maître, M. Laurent, ne put mieux les consoler, qu'en leur faisant réciter les litanies des saints, pour obtenir la guérison de leur cher professeur.

Madame Sadrin était présente à cette touchante cérémonie, agenouillée à l'extrémité de la chambre du malade, elle priait et pleurait. Quand tout le monde se retira, son fils l'aperçut et il dit en latin : *recedat mulier;* ce qui a fait croire et dire à plusieurs de ceux qui entendirent ces paroles, qu'il ne voulait pas voir sa mère. Mais il l'avait déjà vue lorsqu'elle était arrivée, et son confesseur qui était tout près de lui, quand il dit ces deux mots latins, nous a assuré qu'il avait seulement exprimé le désir, que l'on dît à sa mère de se retirer avec les autres, en ce moment, afin d'être seul, et pour que rien ne vint le distraire, dans son action de grâces à l'hôte divin qu'il venait de recevoir en viatique.

L'heure de faire le grand voyage de la terre au ciel n'était pas encore venue pour M. l'abbé Sadrin. Grâce à la vigueur de son tempérament, il triompha de la violence du mal et recouvra assez bien la santé. Vers la fin de ce mois de janvier, il écrivait à sa mère : « Je suis assez bien maintenant pour reprendre quelques-unes de mes occupations ». Cependant il ne reprit plus ses fonctions de professeur ; dès les premiers jours de janvier, un nouveau maître [1] l'avait remplacé à la tête de sa chère classe de cinquième.

1. Le 4 janvier 1841, M. Sadrin fut remplacé à la tête de la classe de cinquième par M. l'abbé Chauliac, qui professa bientôt la quatrième, jusqu'en 1845. M. Chauliac quitta alors Ste-Garde pour aller au noviciat des Oblats de Marie. Après qu'il y eut fait ses vœux, il fut envoyé à la résidence de Limoges, où il fut, pendant quarante ans, un missionnaire intrépide et infatigable. Il y est mort au mois d'août 1888.

Tout nous fait présumer qu'il profita de cette circonstance, pour demander de suivre sa vocation à la vie
religieuse ; mais sa demande ne dut pas être agréée par
Mgr du Pont qui, un an plus tard, lui refusa l'autorisation de rester chez les Carmes, où il faisait une retraite,
et lui ordonna de revenir promptement à son poste de
vicaire.

Ce Prélat, nommé archevêque d'Avignon en 1835,
avait trouvé en arrivant des vides nombreux dans les
rangs du clergé de son diocèse, et il n'avait cessé de
prendre les moyens les plus efficaces, pour faire arriver
et cultiver dans ses séminaires un plus grand nombre de
vocations ecclésiastiques. Connaissant le mérite et les
aptitudes de M. l'abbé Sadrin, au lieu de l'autoriser à
entrer dans un ordre religieux, il le nomma vicaire à
Cavaillon, espérant que, dans cette nouvelle position, ce
jeune prêtre rétablirait sa santé affaiblie par les fatigues
du professorat, qu'il pourrait y donner un libre cours à
son zèle pour le salut des âmes, qu'il y réussirait, grâce
à ses remarquables aptitudes, et que, renonçant à la vie
religieuse, il se fixerait dans le ministère paroissial.

A Ste-Garde, quand on sut que M. Sadrin allait partir,
tous le regrettèrent parce que tous le vénéraient comme
un saint. « En effet, a dit Bossuet [1], la sainteté dans les
hommes est une qualité morale, qui leur donne toutes
les vertus et les éloigne de tous les péchés. Rien n'est

______

1. Méditations sur l'Evangile, LXVIe jour.

plus excellent dans les hommes que la sainteté, rien ne les rend si admirables, si vénérables. » C'est bien ce double sentiment d'admiration et de vénération que les maîtres et les élèves de Ste-Garde avaient pour M. Sadrin. Un de ses collègues, son confident le plus intime [1], nous a exprimé en quelques lignes le caractère de sainteté qu'il admirait en lui, et dont il a conservé un souvenir impérissable. « M. Sadrin, nous a-t-il écrit, était humble, doux, pauvre, dénué de tout, mortifié dans tous ses sens intérieurs et extérieurs. Il était homme d'oraison et d'union avec Dieu ; il aimait la croix et les humiliations, l'oubli et le mépris des créatures ; il semblait avoir pris pour devise cette recommandation de l'auteur de l'Imitation : *Ama nesciri et pro nihilo reputari.* Il vivait en Dieu et pour Dieu ; il ne trouvait de plaisir qu'à ce qui pouvait procurer la gloire de Dieu et le salut des âmes ; il ne cherchait qu'à leur faire du bien. »

Tous les élèves qui nous ont écrit leurs souvenirs sur M. Sadrin les ont terminés, en disant de leur maître : *c'était un saint.* Nous citerons encore ce que l'un de ses anciens élèves, devenu ensuite professeur à Ste-Garde [2], écrivait, il y a vingt-cinq ans, à un religieux Carme : « J'avais de M. Sadrin, mon professeur, une si haute idée, qu'il ne me paraissait pas possible de le surpasser en amour de Dieu. Les plus grands saints pouvaient-ils en

1. M. Bonnet, supérieur des Gardistes.
2. M. l'abbé Germain, aumônier de l'hospice Benoit à l'Isle.

PETIT SÉMINAIRE DE Ste-GARDE EN 1841

avoir davantage ? En le suivant dans toutes ses actions, en le voyant toujours animé de l'amour de Dieu et du prochain, on se disait : voilà un saint, un saint prêtre ! »

Par sa sainteté, par la prédication incessante de ses vertus, M. l'abbé Sadrin avait contribué pour sa bonne part à la formation de nombreuses vocations ecclésiastiques. Il avait exercé une grande influence sur tous les élèves. Ceux de la grande communauté, avec lesquels il avait moins de rapports, ont conservé de lui un souvenir plein de vénération ; et les plus jeunes, dont il s'occupait sans cesse, en récréation, en classe, à la congrégation de saint Louis de Gonzague étaient comme fascinés par lui. Ils avaient en lui la plus entière confiance ; ils l'admiraient et aimaient à suivre sa direction. Sa vue seule les portait à devenir meilleurs. En le voyant si pieux, si heureux, si saint prêtre, eux aussi voulaient être pieux et devenir de bons prêtres. Plusieurs nous ont assuré que c'est à lui qu'ils ont dû leur conversion et la persévérance dans leur vocation. M. Sadrin était vraiment pour eux la bonne odeur de Jésus-Christ : *Christi bonus odor... vitæ in vitam* [1]. Ces jeunes âmes de futurs prêtres s'imbibaient de ce parfum qu'elles ont conservé, comme l'amphore qui garde longtemps le goût du bon vin, dont elle fut remplie pour la première fois,

> Quo semel est imbuta recens, servabit odorem
> Testa diu.   HORATII, Epist. 1, lib. II, 69.

[1]. II Corinth. II, 15.

Après plus de soixante ans, tous ceux qui respirèrent le parfum des vertus de M. Sadrin en sont encore embaumés.

Que Dieu envoie à la jeunesse ecclésiastique de nombreux éducateurs qui ressemblent à ce bon maître !

CHAPITRE IV

L'ABBÉ SADRIN VICAIRE

A CAVAILLON
1841-1842

I. — Son arrivée à Cavaillon

M. l'abbé Sadrin fut nommé vicaire à Cavaillon dans les derniers jours du mois de mars 1841. Le 21 de ce mois, M. l'abbé Aillaud avait été installé curé de cette paroisse, à la place de M. Bourdet démissionnaire. Dès le début de son ministère, immédiatement après son ordination, en 1827, M. l'abbé Aillaud avait remplacé M. l'abbé Parnet à Courthézon, où il était resté quatre ans vicaire. Il y avait connu M. l'abbé Sadrin qui était alors grand séminariste, et il avait apprécié ses vertus, son mérite et aussi celui de toute sa famille. Ayant su que son ancien paroissien allait quitter Ste-Garde pour être employé dans le ministère paroissial, il s'empressa de le demander pour vicaire et il l'obtint.

Lorsque l'abbé Sadrin apprit que son archevêque, Mgr Du Pont voulait le placer en paroisse et le mandait à Avignon pour lui indiquer ses volontés, il s'y rendit

avec une simplicité et une obéissance admirables.
Monseigneur lui annonça qu'il l'avait nommé vicaire à
Cavaillon et lui remit le titre de sa nomination. Le
nouveau vicaire aurait sans doute mieux aimé entrer
dans un couvent; mais ce fut une grande consolation
pour lui d'aller exercer le saint ministère, dans une
paroisse où il aurait pour curé son ancien vicaire de
Courthézon. — Sans retard il partit, ce même jour,
1ᵉʳ avril, pour Cavaillon; il n'y avait alors ni chemin
de fer, ni voiture; il s'y rendit à pied.

En arrivant, il embrasse cordialement M. le Curé, et
il lui dit: « Mgr l'Archevêque, en me donnant mes
lettres que j'ai l'honneur de vous présenter, m'a dit que
vous m'avez accepté avec plaisir pour vicaire, je vous en
suis bien reconnaissant. Dès aujourd'hui, vous pouvez
compter sur mon obéissance la plus entière. Vous serez
pour moi non seulement mon curé et mon supérieur;
veuillez aussi être mon père et pour l'âme et pour le
corps. Souffrez donc, en cette qualité, que je vous demande
de partager votre table et votre toit, pendant tout le
temps que je serai vicaire à Cavaillon. »

M. Aillaud accueillit très-bien cette demande. Il avait
lui aussi le désir et le goût de la vie religieuse dont il fit
l'essai à Cavaillon même, où il rétablit la congrégation
des Doctrinaires fondée par César de Bus. Volontiers il
se mit à vivre en commun avec son fervent et dévoué
vicaire. Bientôt leur communauté s'augmenta à l'arrivée
d'un nouveau vicaire, M. l'abbé Dubois qui avait été

élève à Ste-Garde lorsque M. Sadrin y arriva comme professeur ; lui aussi quitta bientôt le ministère des paroisses pour aller finir sa vie, sous le nom de Père Jean-Baptiste, chez les Prémontrés, au monastère de Frigolet.

M. Sadrin n'annonça sa nomination à ses parents que lorsqu'il fut installé chez son curé de Cavaillon. Il écrivit, le 2 avril, à sa mère : « Ma très chère mère, bénissons toujours le Bon Dieu, qui est toujours notre Père, en tout temps et en tout lieu. La divine Providence m'a placé à Cavaillon, auprès de M. Aillaud, en qualité de vicaire. Prions et remercions Notre-Seigneur Jésus-Christ, de ce qu'il veut bien me faire la grâce de travailler au salut des âmes, qu'il a rachetées de son sang adorable. »

II. — *Son zèle dans l'exercice de ses fonctions de vicaire*

L'abbé Sadrin ne regardait son vicariat que comme un état transitoire, qui devait le faire passer du ministère paroissial à la vie religieuse ; cependant il se mit vigoureusement à l'œuvre ; il tint la promesse qu'il avait faite à son curé, de lui obéir et de se dévouer, pour le seconder dans tous les détails du service d'une paroisse considérable de huit à neuf mille âmes, dont la moitié était disséminée dans des campagnes éloignées.

Il était novice dans le ministère paroissial, mais il ne l'était pas dans l'exercice des vertus chrétiennes et sacerdotales. Par ses *prières* et sa *docilité* à l'*esprit* et à la *grâce* de Dieu, il avait acquis une expérience et une prudence au-dessus de son âge, ce qui est le propre des saints. De plus, il était animé d'un grand zèle alimenté par le feu de la charité, dont son cœur était embrasé. Aussi il s'appliqua avec joie et ardeur à tous les exercices du saint ministère.

Etant arrivé à Cavaillon le jeudi de la semaine de Passion, il se mit dès le lendemain, fête de Notre-Dame des Sept-Douleurs, au travail des confessions pascales. A cette époque, où la théologie de St-Alphonse de Liguori n'était pas encore venue corriger en France le rigorisme que les auteurs jansénistes n'avaient que trop mis en pratique, l'abbé Sadrin était un peu porté à la sévérité. Il se montra peu facile pour les danseuses ; il les renvoyait jusqu'à ce que, après de nombreuses confessions elles eussent renoncé sincèrement au bal. Une de ses anciennes pénitentes vit encore. « J'avais dix huit ans, nous a-t-elle dit, lorsque M. Sadrin fut nommé à Cavaillon ; je le rencontrai à peu de distance de la ville, le jour qu'il vint humblement, à pied, prendre possession de son poste. Je fus touchée de sa modestie, et j'allai bientôt me confesser à lui pour faire mes Pâques, mais j'étais danseuse, et il me renvoya plusieurs fois, tout en m'encourageant toujours charitablement à revenir toutes les semaines. Enfin, il finit par me faire fermement renoncer à la danse, et il me fit faire mes Pâques ; mais ce ne fut qu'après la grande fête mondaine de S. Gilles, dans les premiers jours du mois de septembre. L'épreuve qu'il m'imposa dura cinq mois et je l'en remercie, elle m'a été utile. Il me fit d'abord communier, tous les dimanches, et bientôt il me recommanda la communion fréquente. Il avait le don de se faire obéir. J'habitais la campagne, et je venais de grand matin, en hiver, communier à la première messe et de bonne heure je revenais à mon travail. »

Après quelques mois de séjour à Cavaillon, le 31 juillet 1841, l'abbé Sadrin écrivit à sa mère : « Je pense à vous devant le très aimable Sauveur de nos âmes. Ne vous étonnez pas de ce que je vous parle toujours de Jésus. Du matin au soir, du soir au matin, et ainsi nuit et jour, avec mon respectable curé et mes confrères, nous nous occupons du salut des âmes qui nous sont confiées par la divine Providence, et tout en travaillant pour notre cher troupeau, nous n'oublions pas nos parents, que nous avons soin de recommander à Dieu, surtout au saint sacrifice de la messe.

M. le Curé de Cavaillon était heureux d'avoir un si dévoué collaborateur. Il avait en lui la plus entière confiance. Quand il lui avait confié une œuvre, indiqué un travail, il pouvait se reposer sur son zèle et son activité. L'abbé Sadrin faisait sa bonne part du ministère paroissial ; quand on l'appelait auprès des malades, qu'ils fussent rapprochés ou au loin dans la campagne, la nuit comme le jour, par beau ou par mauvais temps, il partait toujours de suite, et quand il croyait n'être pas vu, il courait pour gagner du temps, afin de trouver son malade en pleine connaissance. Il était toujours prêt à aider ou à remplacer ses confrères pour faire les catéchismes et les instructions familières du prône, ou pour aller administrer les malades. Il les remplaçait si volontiers dans toutes ces circonstances, qu'on était sûr de lui faire plaisir en se déchargeant sur lui.

C'est lui qui s'était chargé de faire observer le silence tous les dimanches à la messe de onze heures, pendant le prône un peu long que M. le Curé faisait toujours en provençal. Il se tenait, en surplis, au milieu des hommes et nul ne bougeait et ne se plaignait de la longueur de l'exhortation. Chaque fois qu'il allait dire la messe le dimanche, soit à l'hôpital et à la Charité de Cavaillon, soit à la chapelle rurale de Notre-Dame des Vignères, qui, alors, n'était pas encore érigée en succursale, il ne manquait pas de faire une courte allocution en provençal. A ces braves gens de la campagne, un peu trop préoccupés des biens de la terre, il rappelait avec véhémence leurs fins dernières ; il tonnait contre l'amour déréglé des biens de ce monde : *Quand mourrès*, leur disait-il souvent, *empourtarès que quatre plancho* [1].

Son zèle était si grand, qu'il recherchait et demandait pour sa part ce qu'il y avait de plus pénible et de

1. Quand vous mourrez, vous n'emporterez que quatre planches.

plus rebutant dans le service des âmes. Il allait, dans la ville et à la campagne, chercher les infirmes, les ignorants, pour les instruire et les disposer à la réception des sacrements. Il s'était aussi chargé des enfants pauvres et surtout des manœuvres qui, étant obligés de travailler, n'allaient pas aux écoles et restaient ignorants, parce que dans la semaine ils ne pouvaient venir à l'église, à l'heure où l'on y faisait les catéchismes. Il les réunissait à part pour les catéchiser et les préparer à la première communion ; c'était là sa récréation après ses repas, à midi et le soir. Il restait quelques instants avec M. le Curé, et bientôt il lui demandait la permission de se rendre à ce qu'il appelait son atelier, c'est-à-dire d'aller s'occuper des ignorants, des pauvres et des malheureux.

III. — *Sa charité à l'égard de tous*

L'abbé Sadrin n'était pas riche, mais il donnait aux pauvres tout ce qu'il avait. Il le disait lui-même dans une lettre à sa mère (31 juillet 1841) : « Ne m'envoyez ni linge, ni meuble, ni rien autre. Je donne tout aux pauvres. » Il ne faisait aucune dépense, et cependant il demandait à ses parents de lui envoyer les petites rentes, qui lui revenaient de la succession de son père. « Si vous pouvez, leur disait-il, me faire passer quelque argent, n'y manquez pas, s'il vous plaît : *nos misères sont extrêmes, nous mourons de faim, dans la dernière indigence.* Ce n'est pas lui qui était dans cet état ; il lui fallait si peu, qu'il avait toujours assez ; c'étaient ses pauvres, et en parlant d'eux, il disait *nous* : son cœur ne faisait qu'un avec leur cœur ; il avait faim et il souffrait, quand il les voyait sans pain et dans la souffrance.

Aussi les pauvres et les ouvriers le bénissaient, et les personnes qui étaient riches ou dans l'aisance admiraient ses vertus, d'autant plus méritoires qu'elles étaient plus cachées. En voyant qu'il ne quittait sa cellule du presbytère que pour se rendre à l'église où il passait une bonne partie de la journée, ou pour aller exercer son ministère auprès des plus petits et des plus humbles, tous les paroissiens l'estimaient et le vénéraient, parce qu'il ne se recherchait lui-même en rien, et n'aspirait qu'à procurer la gloire de Dieu et le salut des âmes.

Dans ses rapports avec les personnes du monde, l'abbé Sadrin était d'une grande réserve et d'une parfaite modestie. Sévère pour lui-même et pour les siens, il ne recevait qu'avec peine les rares visites de sa mère et de sa sœur, toutes deux bien pieuses. Il était bref avec les personnes de la paroisse qui venaient lui parler, mais il les recevait avec beaucoup de politesse et de bonté, et alors, il savait si bien amener la conversation sur des sujets de piété et sur les grandes vérités de la religion, qu'on se retirait toujours édifié de ses fervents entretiens. On revenait à lui avec une grande confiance, parce qu'on trouvait en lui un médecin patient et plein de zèle, pour soigner les âmes et les faire avancer dans les voies de l'amour de Dieu et de la perfection. Il resta à peine un an à Cavaillon, et cependant, quand il partit, beaucoup le pleurèrent, comme l'on pleure la perte d'un père vénéré, et le souvenir qu'il laissa fut celui d'un saint prêtre. Aussi, huit ans plus tard, lorsque M. le curé Aillaud annonça, du haut de la chaire, à ses paroissiens la mort de M. l'abbé Sadrin, leur ancien vicaire, il leur dit qu'il fallait l'invoquer plutôt que de prier pour lui.

IV. — *Sa piété*

Ce qui contribua le plus à faire regarder l'abbé Sadrin comme un saint, ce fut son ardente piété. On admirait son recueillement, sa modestie, sa ferveur à l'église. Sa tenue y était si édifiante qu'elle portait les fidèles à se recueillir et à prier. Il y restait une grande partie de la journée. Quand il n'était pas au presbytère ou auprès des malades, on était sûr de le trouver dans la chapelle des fonts baptismaux, récitant son office auprès de son confessionnal, ou derrière le maître autel, adorant le Saint Sacrement. Quand il entendait les confessions, il ne manquait jamais de sortir du confessionnal et de se prosterner, lorsqu'il entendait sonner l'*élévation* d'une messe.

M. le Curé de Cavaillon si bien secondé par ses vicaires, dont plusieurs avaient les mêmes aspirations que lui pour la vie religieuse, avait établi l'usage de réciter à l'église, le soir, avec eux, l'office canonial, toutes les fois qu'ils n'en étaient pas empêchés par les travaux du saint ministère. Ils l'avaient ainsi décidé pour leur propre bien et pour l'édification des fidèles, qui aimaient à voir les prêtres de leur paroisse réciter, au chœur, l'office comme les chanoines de leur antique cathédrale. M. l'abbé Sadrin était un des plus assidus à cette psalmodie ; il était heureux de commencer à faire, étant vicaire, ce qu'il devait bientôt continuer dans un monastère.

Alors, on avait aussi à Cavaillon l'habitude de faire, tous les jours, à l'église, la prière et la méditation, à haute voix, après *l'angelus* du matin ; demi-heure avant celui du soir, avait lieu une lecture suivie de la prière. M. l'abbé Sadrin était toujours présent à ces exercices, même quand il n'était pas chargé de les présider, ce qu'il était toujours prêt à faire.

Il nous a indiqué lui-même le temps qu'il passait à l'église, en plus des heures où les fonctions de son ministère l'y appelaient. Il écrivait à sa mère, le 31 juillet 1841 : « Je ne vous invite pas à venir me voir ; vous me trouverez toujours, en pensant à Notre-Seigneur Jésus-Christ. Je suis spécialement devant le très saint sacrement de l'autel, de quatre heures à six heures du matin, puis de quatre heures à six heures du soir, et ensuite de sept heures à neuf heures ; s'il vous plaît d'aller visiter à ces heures le Saint Sacrement, nous nous y trouverons ensemble.

« Aimons bien, je vous en prie, Notre-Seigneur Jésus-Christ dans le très saint sacrement de l'autel. Je vous renouvelle toutes les recommandations que je vous ai faites pour vous porter à la communion fréquente. Il y en a bien assez qui délaissent Notre-Seigneur Jésus-Christ. Faisons tout notre possible pour l'aimer de tout notre cœur, pour nous unir à lui, tous les jours. C'est par là que nous obtiendrons la conversion et la sanctification de tous nos parents.

« Le désir violent qui me dévore pour votre sanctification, me porte à vous dire : débarrassez-vous sans crainte et hardiment des embarras que vous donnent les biens de la terre, qui vous empêchent de faire la sainte communion aussi souvent que le veut Notre Seigneur Jésus-Christ. Le temps passe, l'éternité durera toujours pour récompenser nos sacrifices. Vive Jésus Notre Tout ! »

L'abbé Sadrin avait une grande confiance dans les effets de la communion fréquente et il la recommandait aux personnes qui étaient sous sa direction. Il écrivait à sa sœur : « il faut avoir un peu plus d'abandon à la Providence. J'ai vu avec peine dans ta lettre, que tu te plains de ce que nos garances n'ont pas réussi. Tu parais craindre aussi que notre mère ne tombe malade. Est-ce ainsi que nous oublions toutes les communions que nous avons eu le bonheur de faire ! »

V. — *Ses vertus montrent qu'il est appelé à l'État religieux*

Par sa piété, par ses fréquents entretiens avec le Dieu de l'Eucharistie, l'abbé Sadrin édifiait ses confrères et les paroissiens, et il alimentait en lui-même la vie sacerdotale et religieuse, car ses vertus n'étaient pas seulement celles d'un bon prêtre, elles étaient déjà celles d'un fervent religieux.

Ses confrères en le voyant si humble, si charitable, si édifiant, ne pouvaient s'empêcher de l'aimer et de le vénérer. Cependant ils trouvaient parfois que son zèle était trop ardent et un peu excessif. Il aurait voulu que les vicaires des paroisses voisines vécussent, comme lui, en communauté avec leur curé, mais il ne parvint pas à les persuader ; tous n'avaient pas les mêmes goûts et les mêmes dons que lui.

Un jour, en présence de ses confrères, il demanda à son curé l'autorisation d'aller chercher les pécheurs dans les bals, et les cafés, pour leur prêcher les grandes vérités, et les ramener à la fréquentation de l'église et des sacrements. On lui répondit, qu'on ne l'écouterait pas et qu'on se moquerait de lui. « J'accepterai bien volontiers, dit-il, toutes les humiliations et tous les affronts qui pourront m'arriver. Ne serais-je pas bien récompensé, si je gagnais une seule âme à Jésus-Christ ? » Son curé ne lui donna pas la permission qu'il demandait, et il renonça à son projet.

D'autres fois, malgré sa bonne volonté, il avait plus de peine à obéir, c'est lorsque l'on contrariait son goût, son attrait pour la mortification. Au lieu de fuir la souffrance, il la recherchait et quand elle lui arrivait, sans qu'il l'eût cherchée, il l'acceptait de bon cœur. C'est ce que remarquèrent deux jeunes élèves qui se préparaient à entrer au petit séminaire de Ste-Garde, et auxquels il donnait des leçons. L'un d'eux nous a raconté que « dans l'après-midi d'une des plus chaudes journées du mois d'août, M. Sadrin leur faisait traduire, dans le jardin du presbytère, une version du *De viris*; lorsqu'ils virent deux grosses mouches se poser simultanément, l'une sur son front, l'autre sur sa joue. Deux minces filets de sang ne tardèrent pas à couler ; mais le maître n'interrompit point sa leçon ; il oublia de nous faire appliquer la règle de Lhomond : *puer abige muscas*, il savoura la douleur de la piqûre qu'il subissait et, se souvenant peut-être du dernier vers de l'art poétique d'Horace :

Non missura cutem nisi plena cruoris hirudo,

il voulut voir si les mouches étaient aussi avides de sang que la sangsue, qui ne lâche prise que lorsqu'elle s'en est gorgée. »

L'abbé Sadrin avait beau user de pieux artifices pour cacher les mortifications qu'il s'imposait, on s'en apercevait, et dans l'intérêt de sa santé, M. Aillaud tâchait de le modérer, en l'obligeant à tempérer la rigueur de ses disciplines, et à prendre un peu plus de nourriture. Obéissant par dessus tout, il se soumettait aux observations de celui qui était son curé et le directeur de sa conscience. Cependant il lui répondait parfois : « que les religieux dans les cloîtres avaient pour Dieu plus d'amour que lui, et châtiaient leur corps plus rudement ; que du reste sa santé était bonne ; qu'il était un grand pécheur, et devait faire pénitence pour lui-même ; qu'il était prêtre de Jésus-Christ, et qu'à l'exemple de son divin maître, il devait faire aussi pénitence pour les péchés des autres, *pro peccatis suæ gentis.* »

Dieu lui avait ouvert l'esprit, pour comprendre ce que nous enseigne la sainte Ecriture : *qu'il faut souffrir,* que bienheureux *sont ceux qui souffrent* : il lui avait donné le goût de la souffrance. L'abbé Sadrin avait compris que la justice divine exigeait cette satisfaction, et il avait *faim* et *soif* de cette *justice.* Ce n'était pas, comme dit Bossuet, « un désir ordinaire, c'était un désir semblable à celui qui nous porte à nous nourrir et à vivre [1] » ; qu'il s'appliquait sans cesse à exciter en lui, pour bâtir sur ce fondement de la mortification, prescrite par la justice de Dieu, l'édifice de sa propre perfection, et pour travailler d'une manière plus efficace à la santification des âmes.

Quand il apprenait que Dieu était offensé, il ne pouvait s'empêcher de laisser voir la peine qu'il en éprouvait. Il se trouvait auprès de M. le Curé avec les autres

---

1. Méditations sur l'Evangile, 12ᵉ jour.

vicaires, lorsqu'on vint annoncer un fait scandaleux, il ne ne put contenir ses larmes et ses gémissements, et à la grande édification de tous, il demanda pardon et miséricorde pour l'auteur du scandale.

VI. — *Ses préparatifs de départ*

On voyait bien que M. l'abbé Sadrin ne resterait pas longtemps dans le ministère des paroisses, et qu'il irait s'enfermer dans un monastère, sitôt qu'il en aurait obtenu la permission. Il se détachait de tout, pour n'être retenu par aucun embarras, lorsque le moment de partir serait arrivé. Il ne s'était pas mis en frais pour meubler sa chambre, qui ressemblait bien par son dénûment à la cellule d'un religieux. En fait de vêtements et de linges, il n'avait que le strict nécessaire, et lorsque sa sœur et sa mère voulaient le pourvoir un peu mieux, il leur répondait: « ne m'envoyez rien ; ce que j'ai me suffit, je ne veux rien de plus. »

Il prévoyait que sa séparation d'avec ses parents serait pénible et pour lui et pour eux, et il tâchait de les y préparer. Il se privait de leurs visites. « Ne venez pas me voir, écrivait-il à sa mère et à sa sœur, le lendemain de son arrivée à Cavaillon. Je suis dans la maison de M. le Curé, et je crains de l'importuner moi-même. » Malgré cette recommandation elles vinrent le voir. Il ne resta que peu de temps avec elles, quoique M. Aillaud, qui les avait connues et estimées, lorsqu'il était vicaire à Courthézon, les reçût très-bien et voulût les retenir plus longtemps.

Pendant son vicariat à Cavaillon, l'abbé Sadrin n'alla qu'une seule fois à Courthézon. C'était un des vicaires de cette paroisse, son compatriote et professeur de rhétorique, M. l'abbé Masson qui lui avait demandé de venir le remplacer un dimanche. Avec la permission de son curé, il s'y rendit, il fit les catéchismes et les congrégations ; il prêcha à vêpres, et les anciens du pays se souviennent encore qu'il annonça son départ et fit ses adieux : on crut et on disait qu'il allait partir pour les missions étrangères. Il prit ses repas et coucha chez l'autre vicaire, et le lendemain matin il partait, à pied, sans avoir vu sa famille. Il avait déjà fait une bonne demi-heure de chemin, quand il eut un remords. Craignant de faire de la peine à ses parents, il revint pour leur donner le bonjour, et passer quelques moments avec eux, ce fut son dernier adieu.

M. Aillaud, son curé, aurait été heureux de garder longtemps un vicaire qui le secondait si bien ; mais il était aussi le directeur de sa conscience, et sa vocation religieuse lui paraissait si évidente, que, loin de pouvoir s'y opposer, il se sentait obligé de la favoriser. Il le mit en relation avec un vénérable prêtre de St-Sulpice, M. Caduc, qui avait passé quelquefois au grand séminaire d'Avignon, et qui alors résidait à Bordeaux. Cet habile directeur ne tarda pas reconnaître, que le jeune vicaire qui le consultait était vraiment appelé à entrer dans un des ordres les plus austères, et il lui conseilla de venir faire une retraite au noviciat que les Carmes, récemment arrivés d'Espagne, venaient d'ouvrir au Broussey, près de Cadillac, et non loin de Bordeaux.

L'abbé Sadrin s'y rendit dans les premiers jours de janvier 1842. Là, il pria, examina sa vocation et prit connaissance de la règle des Carmes. Depuis son enfance, il avait voulu être religieux ; il avait vu partir pour la Grande Chartreuse ses meilleurs condisciples et amis, les Révérends Pères Saisson, Sallier et Michel ; il avait envié leur sort, mais il ne s'était pas senti poussé à les suivre. La vie solitaire et plus exclusivement contemplative des Chartreux, ne répondait pas à tous ses attraits. Son âme était portée et à la contemplation et à l'action pour la gloire de Dieu et le salut des âmes. Pendant sa retraite, il reconnut avec bonheur que, chez les Carmes, toutes ses aspirations seraient satisfaites, et il demanda à son archevêque l'autorisation de rester au Broussey, et d'y commencer son noviciat. Mgr Du Pont lui répondit : « Revenez à Cavaillon, et continuez d'y remplir vos fonctions de vicaire » ; mais, peu après, il était transféré à l'archevêché de Bourges, et il quittait Avignon avant la fin du mois de février.

L'abbé Sadrin, toujours obéissant, était revenu promptement à Cavaillon ; il consulta de nouveau M. Caduc, et sur sa réponse encourageante, il profita de la vacance du siège d'Avignon, pour demander et obtenir la permission de quitter son diocèse, et d'entrer chez les Carmes ; il ne tarda pas de s'en servir. Il n'avait pas grand bagage à emporter, il fut vite prêt à partir.

Cependant il fallait informer de son départ sa mère et ses parents. Il pria son curé de le faire. M. Aillaud eut la bonté de lui rendre ce service. Voici la lettre qu'il écrivit à Madame Sadrin, le 9 mars 1842 :

« Madame,

« J'ai aujourd'hui une bien triste mission à remplir auprès de vous : Votre cher fils que nous aimions tous à Cavaillon, comme un frère, est parti ce matin pour Bordeaux. Monseigneur l'Archevêque lui avait jusqu'ici refusé la permission de partir. Il a choisi le moment de la vacance du siège pour mettre à exécution sa vieille résolution. Il est allé s'enfermer dans un couvent des Carmes de la plus stricte observance. C'est ce qu'il m'a chargé de vous écrire avant de partir. J'aurais voulu qu'il allât vous faire ses adieux, ou du moins qu'il vous écrivît, mais il m'a demandé de le faire à sa place.

« Je le regrette bien, et il le méritait sous tous les rapports. Mais il n'y a pas eu moyen de le retenir plus longtemps. Au reste il fera partout beaucoup de bien, car il portera partout ses talents et ses vertus.

« Je n'ai su que, hier soir, sa résolution bien fixe de partir, qu'il a mise à exécution ce matin. Je savais cependant qu'il faisait toujours des démarches pour en arriver là, mais j'espérais qu'il ne réussirait pas. Je me suis trompé, il a trouvé le moyen de réussir. Que la volonté de Dieu soit faite à jamais ! Il m'a chargé de vous dire et à tous ses parents sans oublier sa bonne sœur Thérèse, de bien aimer et de bien servir le Bon Dieu, de prier pour lui, et de vous assurer qu'il priera souvent pour vous tous.

« Pour moi, Madame, je suis aussi peiné de vous donner cette nouvelle, que vous de la recevoir. Je vous prie de ne pas m'oublier devant le Bon Dieu. Dans cet espoir, je me plais à me dire et à être votre très humble et très obéissant serviteur.

AILLAUD, [1]
Chanoine honoraire, curé.

1. M. Jean-Michel Aillaud naquit à Oppède, le 5 mars 1804. Après avoir fini ses études au grand séminaire d'Avignon, il fut ordonné prêtre le 9 juin 1827, et deux jours après, il fut nommé vicaire à Courthézon. Il fut ensuite curé à Vacqueyras en 1831, vicaire à Avignon, à la paroisse de St-Didier, en 1832, et à celle de St-Symphorien les quatre années suivantes. En 1837, il fut nommé curé de Saignon, où il resta aussi quatre ans. En 1841, Mgr Du Pont le nomma curé de Cavaillon. Pendant 17 ans il administra cette grande paroisse où il rétablit les Doctrinaires.

En 1858, M. Aillaud fut nommé chanoine. Après M. Sain en 1877, il fut doyen du Chapitre métropolitain, jusqu'à sa mort, 4 octobre 1884. C'est lui qui, en sa qualité de doyen, reçut et harangua sur la porte de la cathédrale, Mgr Hasley, le jour où il vint prendre possession du siège métropolitain d'Avignon, 27 avril 1880.

L'ABBÉ

ANTOINE MAXIMIN SADRIN

R. P. JOSEPH DE JÉSUS-MARIE

DE L'ORDRE DES CARMES

1811-1849

SA VIE RELIGIEUSE

1842-1849

CHAPITRE I

SON NOVICIAT

AU COUVENT DU BROUSSEY

1842-1843

I. — Rétablissement de l'ordre des Carmes en France

L'abbé Sadrin partit de Cavaillon, le 9 mars 1842, et se rendit directement au couvent des Carmes, au Broussey, où il fut reçu avec la plus grande bienveillance par le Révérend Père Dominique.

Depuis peu de temps, ce monastère avait été érigé canoniquement en prieuré et noviciat. Après la Grande Révolution qui avait détruit tous les couvents, on avait pu rétablir plusieurs monastères de religieuses Carmélites ; mais les religieux Carmes ne purent fonder de nouvelles maisons de leur ordre en France que vers 1840.

En 1839, le Père Dominique (Arvizu-y-Munnariz) espagnol, persécuté par les révolutionnaires de sa patrie, se réfugia en France et vint à Bordeaux, d'où il se proposait de se rendre, à Puebla, au Mexique, dans un couvent de son Ordre dépendant de la Congrégation d'Espagne. Mais il fut retenu par la prieure des Carmélites de Bordeaux, la Révérende Mère Bathilde de l'Enfant Jésus (de St-Exupery). Depuis dix ans, elle sollicitait à Paris et à Rome le rétablissement en France des Carmes. Tout en continuant ses instances, elle décida le Père Dominique à rester à Bordeaux, et elle lui donna le moyen de s'établir dans une bien modeste maison de la rue Permentade [1].

Le 5 octobre 1839, deux religieux Carmes, le Père Louis-Marie du Très Saint Sacrement (Sylvère Pueyo) et le Frère Emmanuel de Sainte-Thérèse, alors jeune diacre, arrivèrent d'Espagne et se joignirent au Père Dominique. Mais ces deux nouveaux venus furent regardés comme des carlistes dangereux, et, malgré leurs protestations, et la haute protection de Mgr l'Archevêque et de personnes influentes de Bordeaux, ils durent, sur l'ordre

1. Le couvent des Carmes à Bordeaux fut ensuite transféré à la rue Mandron, aux Chartrons, où il est encore.

du gouvernement français, partir pour la Picardie, où ils devaient être internés.

Sans se décourager, le Père Dominique commença seul l'observance régulière, le 14 octobre veille de la fête de sainte Thérèse. C'est ainsi que, par l'énergie d'un seul homme, furent posés les fondements du rétablissement des Carmes en France ; il fut la première pierre sur laquelle devait s'élever un grand édifice. Quelques jours après, il lui arriva d'Espagne le frère convers François de Saint-Simon Stok ; et la veille, du premier dimanche de l'Avent, le Père Louis et le Frère Emmanuel, qui étaient partis, sans espoir de retour, revinrent, avec la liberté d'y résider, à l'humble maison de la rue Permentade. C'est dans cette aumônerie du couvent des Carmelites, sous le patronage de la Mère Bathilde, que se forma la première communauté des religieux Carmes ; ils étaient quatre, et ils s'appliquaient dans ce petit monastère à suivre fidèlement, *in augustià loci et temporum,* toutes leurs observances régulières.

C'était le moment providentiel où Dieu allait leur dire: *Crescite et multiplicamini,* croissez et multipliez-vous. Grâce à l'intervention de la Révérende Mère Bathilde, M. l'abbé Guesnaud [1], curé de Cardan, offrit aux Pères

1. M. l'abbé Guesneau, prêtre angevin, s'était retiré dans le diocèse de Bordeaux, sous la protection du cardinal de Cheverus. Il voulait, tout en desservant une petite paroisse, établir une congrégation pénitente et agricole, et dans ce but il acheta la propriété du Broussey, près de Cardan, où il fut nommé curé. Ne pouvant réussir à réaliser ses pieux désirs, il était découragé et décidé à remettre sa propriété à une famille religieuse qui

Carmes de la rue Permentade, sa maison du Broussey. Ils s'y installèrent, le 19 mars 1841, sous la protection de saint Joseph. Le Père Dominique, après s'être assuré que ses démarches ne seraient pas désapprouvées par ses Supérieurs d'Espagne, se munit de lettres de recommandation de la part de Mgr Donnet, archevêque de Bordeaux, et se rendit à Rome, où il obtint du Révérend Père Général des Carmes une patente en forme, qui le nommait Commissaire Général avec les pouvoirs les plus illimités, pour rétablir en France l'ordre des Carmes déchaussés.

A son retour, il commença à se servir de ses pouvoirs, en érigeant régulièrement le couvent du Broussey, et en y établissant un noviciat.

II. — Noviciat de l'abbé Sadrin au Broussey

M. l'abbé Sadrin fut le premier novice français qui demanda d'y être admis. Dès le premier jour de

pourrait l'utiliser, lorsque la Révérende Mère Bathilde le mit en relation avec le Père Dominique. Ils furent vite d'accord. Le 19 mars 1841, sous la protection de saint Joseph, M. le Curé de Cardan remit la maison du Broussey au Père Dominique. On improvise une modeste chapelle, et le 8 avril, jour du Jeudi saint, on y célèbre la messe et on y garde la sainte Réserve. Pendant tout l'office du matin l'abbé Guesneau, n'avait cessé de verser des larmes de joie ; et le soir même, il mourait accablé par l'excès de son bonheur. Il fut enseveli au pied de la croix de l'humble cimetière du Broussey, où il repose, entouré des tombes de tous ceux qu'il a connus et aimés : les Révérends Pères Dominique, Louis du Saint Sacrement, etc.

son arrivée, il montra l'ardeur qui l'animait. Il avait voyagé toute la matinée ; espérant pouvoir dire la messe, il était resté à jeun. Quand il arriva, c'était plus de midi, et on ne crut pas devoir accéder au désir, qu'il exprima de faire la sainte communion. Il en fut bien un peu contrarié, mais il commença par obéir, et se mit à suivre fidèlement tous les exercices du noviciat. Ses Supérieurs qui l'avaient déjà apprécié, pendant la retraite qu'il était venu faire, deux mois auparavant, furent bientôt assurés de sa vocation et de sa persévérance. Ils l'admirent à prendre l'habit religieux, le 14 avril 1842, et ils lui donnèrent le nom de Père Joseph de Jésus-Marie.

Quelques jours après, le 19 avril, le Père Joseph écrivait à ses parents : « Que Notre Seigneur Jésus-Christ vous donne sa sainte paix ! Ma chère mère, ma chère sœur et mon cher frère, avec toute votre famille, ne pensons qu'a remplir nos devoirs de bons chrétiens ; n'oublions pas que nous ne sommes sur la terre qu'en passant, et que nous devons nous préoccuper par dessus tout de ne pas aller brûler éternellement dans les feux de l'enfer. Que sert à l'homme de gagner l'univers, s'il vient à perdre son âme !

« Notre Seigneur Jésus-Christ et notre mère Sainte-Thérèse m'ont placé dans une communauté, où je reçois de bons exemples, jour et nuit. Tous mes confrères ne soupirent qu'après le bonheur de gagner des âmes à Dieu. Oh ! que leur charité est parfaite et leur bonté incompréhensible ! Nous voyons bien clairement que plus on laisse pour le Bon Dieu, plus on gagne en ce monde. Je vous le répète, mon cher frère, faisons tout le bien que nous pouvons. Il n'y a point de paix pour ceux qui ne vivent pas en bons chrétiens. Je vous souhaite toute sorte de prospérités, et pour que vous puissiez jouir du vrai bonheur, fréquentez les sacrements, et ne craignez que Dieu, qui peut précipiter le corps et l'âme dans les feux éternels. Si je vous parle ainsi, c'est que je vous aime de tout mon cœur, et qu'il serait bien douloureux et bien désolant de ne pas vous voir avec moi dans le ciel.

« Dites à tous mes chers parents, que je prie pour eux de toutes mes forces, afin que nous nous voyions tous dans le ciel après notre mort. »

III. — Quelques traits des vertus du Père Joseph pendant son noviciat

Les Pères et les Frères, qui vécurent avec le Père Joseph, au Broussey, ont laissé quelques notes sur les vertus de ce fervent novice. On ne tarda pas à reconnaître qu'il n'était pas un commençant, parce qu'il s'était déjà exercé à toutes les pratiques de la vie religieuse, et qu'il était le parfait homme de Dieu, prêt à toute bonne œuvre, *perfectus homo Dei ad omne opus bonum instructus.*

Dès les premiers jours, il prit à cœur l'observance fidèle des Règles et des Constitutions, ainsi que de tous les détails de la discipline claustrale. Il ne manquait jamais d'exactitude aux exercices de la communauté ; il s'y rendait presque toujours le premier. On ne le vit jamais s'asseoir pendant les longues heures d'oraison, où il se tenait avec une modestie angélique et comme en extase.

Non seulement il faisait tout ce qui était prescrit et recommandé, il y ajoutait souvent des œuvres de surérogation.

Cependant il s'arrêtait dans ses élans, sitôt qu'on lui faisait une observation, car il était d'une obéissance aveugle à ses Supérieurs, et tous pour lui étaient des Supérieurs. Sa vertu était souvent mise à l'épreuve par le zélateur, et il était toujours content d'être humilié.

C'est surtout pour la mortification qu'il avait besoin d'être limité. Il se mortifiait en tout, il avait le secret de le faire en toute occasion. Il trouvait toujours la nourriture trop bonne et trop abondante pour lui, qui était pauvre volontaire ; tandis que des pauvres, qui le sont, bien contre leur gré, souffrent tant de misères et de privations. Un jour d'hiver, pendant la récréation, comme un religieux se plaignait du froid, le Père Joseph qui depuis longtemps s'était exercé à supporter les rigueurs de la mauvaise saison, lui dit dans un saint zèle : « Pourquoi vous plaignez-vous, mon frère ? voyez ces pauvres paysans qui travaillent dehors, sans se plaindre, et cela pour assurer leur récolte. Pourquoi nous, qui sommes moins exposés qu'eux, et qui travaillons pour le ciel, nous plaindrions-nous ? » On ne pouvait se plaindre, en sa présence, il jugeait de tout au point de vue surnaturel.

Fort austère pour lui-même, le Frère Joseph déversait sa charité sur les autres ; il ne s'excusait jamais et ne faisait aucune plainte, même quand on l'accusait à tort, ce qui arrivait plus d'une fois. Il excusait toujours les autres, et il s'offrait pour subir à leur place les pénitences qui leur étaient imposées.

Ayant été nommé infirmier du noviciat, il se prodiguait pour soulager ses malades. Il eut à soigner, pendant plusieurs mois, deux excellents novices qui allèrent mourir chez leurs parents. Il déploya à leur égard toutes les bontés, toutes les attentions et toutes les tendresses d'une mère ; il ne se fâchait jamais devant les exigences de ses malades ; il savait conserver, toujours et en toute circonstance, une parfaite égalité de caractère et de bonne humeur.

Le zèle qu'il avait, lorsqu'il était professeur à Ste-Garde et vicaire à Cavaillon, ne fut que plus ardent pendant son noviciat. Il était toujours prêt à se dévouer, à parler, à agir, quand il s'agissait de la gloire de Dieu et du salut des âmes.

Un jour, dans une exhortation qu'il adressait aux fidèles dans la petite chapelle du noviciat, il se jeta à genoux devant l'autel, et là, les bras en croix, il s'écria ; « Ah !

si je pouvais me mettre devant les portes de l'enfer, pour vous empêcher d'y tomber ! »

Ses lettres à ses parents étaient toujours une prédication. Dans les derniers mois de son noviciat, à la fin de l'anné 1842, il écrivait à sa mère. Après lui avoir souhaité, la bonne année, ainsi qu'à toute sa famille, il lui disait :

« Vous savez combien je désire de tout mon cœur, de toute mon âme, que vous jouissiez, même sur la terre, du vrai bonheur et des ineffables plaisirs que donne la paix d'une bonne conscience... »

Il paraît que sa sœur ne se résignait pas facilement à se voir pour toujours séparée de son frère. Il lui disait :

« Je prie ma sœur d'être un peu plus disposée à se soumettre à la volonté du Bon Dieu. J'ai embrassé l'Ordre auquel la Sainte Vierge m'a appelé. C'est un bien grand bonheur pour moi de vivre avec des saints et de grands saints ; ils prient, tous les jours, le Bon Dieu pour tous mes chers parents ; ils me l'ont promis ; ils offrent pour votre salut éternel leurs disciplines, leurs jeûnes et leurs saints travaux. Leurs bonnes œuvres vous sauveront tous. C'est du fond de mon âme que je prie Notre Seigneur de m'ôter la vie plutôt que de me priver du bonheur de les voir tous, dans le ciel, ces bons parents qui m'ont toujours témoigné tant de bontés. Ce n'est pas sans être attendri jusqu'aux larmes que j'écris ces mots. »

Il se souvenait de tous ses parents, les citant par leurs noms. Il s'intéressait surtout à ses jeunes cousins qu'il avait revus, en leur faisant la congrégation, la dernière fois qu'il était venu à Courthézon. Il écrivait à sa mère : « Recommandez à nos jeunes cousins qui ont fait leur première communion, de ne pas manquer de venir à la congrégation de saint Louis de Gonzague. J'y embrassai le fils de mon cousin, le jeune Théodore, il y a un an. Dites-lui de se rappeler qu'il me promit devant le Bon Dieu d'être toujours bien sage. Priez-le de rappeler, aux autres congréganistes qui étaient avec lui, la même promesse qu'ils me firent de ne pas manquer la congrégation. Dites, s'il vous plaît, à tous mes chers parents que j'aime assurément beaucoup, que je leur souhaite une bonne année ; passons-la dans la crainte du Bon Dieu, vivons en bons chrétiens, et nous serons certainement très heureux. Le bonheur sur la terre ne consiste pas à n'avoir aucune peine, mais à recevoir avec patience tous les maux qui nous arrivent. Notre Seigneur Jésus-Christ qui était l'innocence même a tout souffert pour nous ; il est bien juste que nous souffrions avec lui. »

Ce qu'il prêchait à sa famille, il le pratiquait lui-même exactement ; il n'était pas insensible à la douleur, à la peine, aux privations, au renoncement perpétuel de sa volonté propre ; mais il allait toujours de l'avant vers le sublime idéal de la perfection religieuse, et pour y parvenir, rien ne lui paraissait trop pénible. C'est ce qu'il fait comprendre dans la même lettre quand il dit :

« Le Carmel est une montagne où l'on ne monte pas sans peine, mais la patience, le courage et la confiance, en la très Sainte Vierge surmontent tous les obstacles. Notre communauté s'augmente chaque jour; nous sommes maintenant vingt-deux religieux. Deux prêtres de Bordeaux vont se joindre à nous; un autre prêtre n'attend que le moment de quitter sa paroisse, pour venir prendre notre saint habit. »

Tous les novices admiraient la ferveur et la vertu du Père Joseph; ils étaient fortifiés et encouragés par ses exemples. Un d'entre eux qui ne put achever son noviciat, et revint dans son diocèse de Moulins, où il était curé de Hautterive, près de Vichy, disait, en 1855, à un ancien élève de Ste-Garde : « Le Père Sadrin était le saint de notre noviciat; nous lui avons vu faire ce qu'ont fait les plus grands saints. »

IV. — Le Père Joseph après avoir subi une dernière épreuve fait sa profession religieuse

Le Père Louis-Marie du Saint-Sacrement, maître des novices, et les autres Pères Carmes du couvent du Broussey avaient suivi les progrès du Père Joseph, nature ardente, mais toujours docile et sachant se modérer sous la main de ses directeurs; ils remerciaient Dieu de leur avoir envoyé un novice, qui s'était si bien conformé à toutes leurs observances, et leur donnait l'assurance qu'il serait un parfait religieux.

Un an après sa prise d'habit, ils voulurent l'admettre à faire sa profession solennelle. Et pour cela il fallut demander pour lui une dispense, parce que, pendant quelques semaines, une cause indépendante de sa volonté l'avait forcé d'interrompre les exercices de son noviciat.

Le 25 août 1842, la communauté du Broussey se trouvait réunie dans la salle de la bibliothèque, pour prendre la récréation du soir. Il venait de pleuvoir et le temps se remettait au beau ; on sortit pour aller au jardin. A peine les religieux avaient franchi le seuil de la porte du couvent, que le mur du côté du nord s'écroula. Le Père Louis, Maître des novices, eut juste le temps de se garer, pour ne pas être écrasé par la masse de pierres qui tomba à côté de lui.

Le Père Joseph vit le danger que courut le Père Maître ; et le croyant perdu, il allait lui donner l'absolution... Cependant personne ne fut atteint et l'on n'eut à regretter que la chute du mur.

La maison était inhabitable, il fallut deux mois pour relever le mur écroulé, et pendant ce temps, les novices, obligés d'interrompre leurs exercices, allèrent se réfugier au presbytère de Cardan.

On demanda la dispense de ces deux mois pour le Père Joseph, et les Supérieurs Généraux l'accordèrent facilement, en considération des mérites du fervent novice. Cependant on voulut auparavant le soumettre à une dernière épreuve un peu rude, qui montra bien toute la force de sa vertu. Le Père Dominique, avant d'admettre l'abbé Sadrin au noviciat, avait demandé des renseignements à M. Caduc. « Ce jeune prêtre, répondit le vénérable sulpicien, a d'excellentes qualités, sa conduite est irréprochable, mais il est sujet à la vanité. » On voulut savoir s'il avait encore quelques restes de ce défaut, et comment il supporterait une dernière humiliation.

Lorsque pour la troisième fois, le chapitre réuni l'eut admis à la profession, à la grande satisfaction de tous les votants, le Père Maître alla le trouver et lui dit d'un air triste : « Mon ami, nous venons de voter sur votre compte, et comme vous n'avez pas été assez bon novice, vous pouvez partir. »

Le Père Joseph, après être resté quelques instants en silence, demanda au Père Maître la permission de lui parler, il lui dit avec beaucoup de calme et de résignation : « Notre Père, si les Constitutions le permettent, ou bien avec une dispense, si c'est possible, je recommencerai mon noviciat et, avec la grâce de Dieu, je tâcherai de me corriger des défauts, que vous avez remarqués en moi. — Mais on vous dit de partir, reprit le Père Maître. — Si Votre Révérence, répond le novice, croit qu'il est inutile d'insister, je m'abandonne à Dieu et je pars. »

Il va quitter son habit religieux et revêtir sa soutane ; il prend son paquet, et se dirige vers la porte, demandant au portier de le laisser passer. Celui-ci qui

avait reçu le mot d'ordre, refuse, et il s'engage entre eux
une petite discussion. Alors, le Père Maître, vaincu par
la vertu de son élève, survient et le rassure en lui disant,
que ce n'était qu'une épreuve, et qu'il pouvait commencer sa grande retraite pour se préparer à prononcer
ses vœux de religion. Tous les religieux furent grande-
ment édifiés de la conduite de ce fervent novice.

Il fit sa profession, le 17 avril 1843. M. Caduc y assista
et sur les instances du Père Dominique, il prononça
un magnifique discours sur ce texte : *Mortui estis
et vita vestra est abscondita cum Christo in Deo*,
qu'il appliqua avec beaucoup d'à-propos à la vie
religieuse [1].

---

1. M. Bernard Caduc, né à Bordeaux, le 4 août 1791, entra au séminaire
de St-Sulpice en 1814, et à la Solitude en 1816. Il fut ensuite envoyé à
St-Flour pour professer le dogme, et il revint au séminaire de Paris en 1820.
Nommé Directeur de la Solitude en 1823, il en devint Supérieur en 1837.
La maladie l'obligea bientôt d'abdiquer ses fonctions et de prendre du repos,
d'abord à Bordeaux, et ensuite à Paris, où il revint en 1842. En 1857, il fut
de nouveau Directeur de la Solitude. Il en sortit en 1860, et ne quitta plus
le séminaire de St-Sulpice, où il mourut le 11 janvier 1873. — En recevant
la nouvelle de sa mort, le cardinal Mathieu, archevêque de Besançon,
répondit : « C'est avec une profonde douleur que j'ai appris la mort de
M. Caduc. Cette existence si belle et si limpide devant Dieu est donc finie ?
Cet esprit si sagace est donc remonté à sa lumière et ce cœur si bon ne bat
plus qu'en Dieu ? La perte que je fais en lui est immense ; ce n'est pas en
vain que se rompt un lien d'intimité de cinquante ans, pour la conscience,
la direction et les plus intimes affaires de la vie..., »

V. — *Le Père Joseph se dépouille du peu de bien qu'il avait dans le monde, pour ne s'occuper que de la gloire de Dieu et du salut des âmes*

Devenu profès, le Père Joseph resta encore sept à huit mois au couvent du Broussey. Il n'eut rien de plus pressé que de se dépouiller de tout ce qu'il possédait. Il avait fait vœu de pauvreté, il voulut ne plus rien posséder ; il avait pour sa part de la succession de son père, un pré et quelques coins de terre ; il voulut les vendre pour en distribuer le prix, sans rien se réserver.

Quelques jours après sa profession, il annonçait sa détermination à sa mère. « J'agis avec une pleine liberté, lui écrivait-il, le 27 avril, sans être le moins du monde gêné ou même conseillé par aucun de nos Pères. » Ses parents ne pouvaient comprendre son empressement à se détacher et à se défaire de tout ; ils ne voyaient pas sans peine passer à d'autres ce qui avait été toujours regardé, comme faisant partie des biens de la famille ; ils lui firent donc écrire par M. Bourdet, curé de Courthézon, pour le dissuader de son projet de vente.

Il paraît que cette lettre ne fut pas assez éloquente, pour faire revenir le Père Joseph de sa détermination. Il répondit le 18 mai 1843 :

« Monsieur le Curé, ce n'est pas pour mon propre intérêt que je vends mes terres. C'est pour suivre le conseil de Notre Seigneur Jésus-Christ, qui nous dit dans son Evangile : « Si vous voulez être parfait, vendez ce que vous avez et donnez-le aux pauvres. » Cette vente sera donc tout entière au profit des malheureux ; de tout l'argent que l'on m'enverra, je ne garderai pas un seul denier. Si un prêtre, un religieux, un carme déchaussé ne se consacre pas tout entier à la plus grande gloire de Dieu, aux bonnes œuvres qui intéressent la sainte religion, il n'y aura plus personne qui se croira obligé de se détacher des biens de ce monde, et de s'en servir pour acquérir les biens de l'éternité que l'on possédera toujours. Monseigneur l'Archevêque de Bordeaux vient de donner coup sur coup deux Mandements : l'un, en faveur des victimes d'une inondation, qui a réduit à l'état le plus lamentable un très grand nombre de paroisses dans son diocèse ; l'autre a été pour les infortunés de la Guadeloupe. Hélas ! que de pauvres pour lesquels on n'a que des larmes ! Je ne saurais voir tant d'indigents, et ne pas faire tout ce qui est en moi pour soulager mes frères. Voilà l'unique motif qui me fait persister dans la résolution que j'ai prise de me défaire de mes propriétés. » On n'insista pas davantage. Le Père Joseph donna l'ordre de vendre tout ce qu'il possédait ; il fut bien aise que son frère se fût porté acquéreur de la meilleure de ses terres. « On m'a dit, écrivait-il le 24 juin, que mon pré aurait pu être vendu beaucoup plus. J'ai tout approuvé parce que mon intention était d'avantager mon frère. » De l'argent qu'il retire, il donne une partie à sa mère, il distribue l'autre en bonnes œuvres ; et libre de ce souci et de ce lien des biens terrestres, il ne songe qu'à vivre en bon religieux [1].

Travailler avec ardeur à la gloire de Dieu et à sa propre sanctification, sauver des âmes, voilà ce qu'il désire, ce qui le réjouit, voilà toute sa vie. Il écrivait à sa mère, le 13 octobre 1843 : « Je viens de recevoir la lettre de ma sœur et je vous réponds tout de suite, quoique je sois heureusement tourmenté par les préparatifs de la solennité de notre mère sainte Thérèse, notre glorieuse patronne et la vôtre. (Sa mère et sa sœur avaient reçu au baptême le nom de Thérèse).

1. Le Révérend Père Joseph Sadrin ne parvint pas à vendre toutes ses petites propriétés, car, à sa mort, il possédait encore quelques coins de terre, dont il avait disposé, en les léguant à M. Bressy, alors économe à St-Garde. Les familles Bressy et Sadrin étaient liées d'amitié, parce que chacune avait eu, en même temps, un de ses membres prêtre à Sté-Garde, et parce que toutes deux exerçaient, l'une à Pernes, et l'autre à Courthézon, le métier de bourrelier.

M. l'abbé Bressy était curé à Mazan, en 1849, lorsqu'il apprit la mort du Père Joseph. Il fit dire à Jean-Baptiste Sadrin de venir le trouver et il lui lut le testament : « Votre frère, lui dit-il, m'a légué le peu qui lui restait, et m'a chargé d'en faire de bonnes œuvres ; mais vous et votre famille vous n'êtes pas riches, il vous faut bien travailler pour vivre ; la meilleure œuvre que je puisse faire c'est de vous laisser la succession du Père Joseph » Jean-Baptiste Sadrin refuse et insiste pour que toutes les intentions de son frère soient accomplies. Mais M. Bressy coupe court à cette discussion ; il jette le testament au feu, en disant : « Voilà comment j'exécute les volontés de votre vénérable frère. »

« Oh ! la belle fête qu'on a célébrée dans les environs de notre couvent ! Quatre ou cinq cents jeunes gens de vingt à trente ans sont venus en pèlerinage de Libourne et de Bordeaux à Notre-Dame de Verdelais. Arrivés le samedi soir, ils y ont passé le saint jour du dimanche, et ne sont partis que le lundi ; ils ont tous fait la sainte communion. Voilà des exemples qui, au jour du jugement, condamneront les chrétiens qui ne sont pas fidèles à leurs devoirs, et qui ne font pas leurs Pâques. »

Il se réjouissait aussi de tout ce qui arrivait d'heureux à son couvent du Broussey. « Remerciez la sainte Vierge, disait-il à sa mère dans la même lettre ; elle vient de faire une grande grâce à notre communauté. Un jeune militaire, que les malheurs de l'Espagne avaient forcé de servir dans les troupes de Christine, vient de se présenter à notre couvent pour prendre l'habit de notre Ordre. Il a toujours vécu en parfait chrétien au milieu de l'armée ; il était toujours fidèle à ses devoirs militaires ; mais comme il assistait souvent à la sainte messe, et ne se permettait jamais de dire une parole déplacée ; il était tellement persécuté par les soldats et les officiers, qu'on ne lui épargnait ni les insultes ni les coups, ni les outrages les plus horribles ; en un mot, on le martyrisait. Jusqu'à la fin de son service, il a tout supporté et il est resté inébranlable dans ses devoirs. Tant de mérites lui ont valu l'heureux sort qu'il vient de recevoir du ciel. Toutes les personnes qui l'ont connu nous envient le bonheur de le posséder. Jugez de ce que doit être dans notre couvent un chrétien, si solide dans les persécutions d'un régiment tout entier acharné contre lui. C'est un ange, un vrai martyr. Je voudrais être, en mourant, aussi parfait religieux, qu'il l'est lui-même, les premiers jours de son noviciat.

« Pour avoir l'estimable bonheur de vivre avec de si belles âmes, il est bien permis de faire quelques sacrifices. »

Il eut bientôt à faire le sacrifice de se séparer de ses chers et édifiants confrères du Broussey. Il fut, au mois de janvier 1844, envoyé au couvent de Montigny pour en être un des solides fondateurs. C'est là qu'il devait achever, en peu d'années, le cours bien rempli de sa vie religieuse.

CHAPITRE II

LE PÈRE JOSEPH

DE RÉSIDENCE AU COUVENT DE MONTIGNY-LES-VESOUL
1844-1849

I. — Le couvent de Montigny

Monseigneur Mathieu, archevêque de Besançon, ayant entendu parler de l'heureux rétablissement de l'ordre des religieux Carmes dans le diocèse de Bordeaux, leur offrit une partie assez délabrée d'un ancien couvent de chanoinesses, situé à Montigny-les-Dames, près de Vesoul, Haute-Saône. Le Père Caduc ne dut pas être étranger à l'établissement des Carmes à Montigny ; il s'intéressait beaucoup à eux et il était le directeur spirituel de Monseigneur de Besançon, qui dut bien accueillir ses recommandations.

Au commencement de 1844, le Révérend Père Dominique de St-Joseph, l'âme de la restauration du Carmel, voyant que le nombre de ses religieux augmentait sensiblement, et d'un autre côté, encouragé par

COUVENT DE MONTIGNY

les bienveillants conseils du Père Caduc et les offres
séduisantes de Mgr Mathieu, prit les trois Pères Michel,
Jean-Baptiste, tous deux espagnols, et Joseph, premier
profès français, ainsi qu'un frère convers espagnol,
et, avec ces quatre religieux il vint à Montigny. Il les
installa au couvent des Chanoinesses, et mit le
Père Michel de la Sainte Trinité à la tête de cette
nouvelle maison, que le Père Joseph habita, comme
conventuel, jusqu'à sa mort, c'est-à-dire pendant cinq
ans.

Il nous a donné lui-même, dans ses lettres à ses
parents des détails intéressants sur sa vie pendant les
années qu'il vécut à Montigny, et le Père Michel, son
Supérieur, a laissé des notes, sur les vertus de son fervent
religieux et le bien qu'il ne cessa de faire.

Dans une lettre qu'il écrivit à M. l'abbé Masson l'un
de ses compatriotes, alors vicaire à Courthézon, le Père
Joseph fait la description de son monastère. « Depuis
trois mois, dit-il, nous habitons notre couvent de Montigny, une ancienne abbaye de chanoinesses ; c'était
un édifice très vaste ; nous n'en avons qu'une petite partie
que Mgr l'archevêque de Besançon nous a donnée, en
nous appelant dans son diocèse.

« La chapelle était de toute beauté, nous l'avons res-
taurée de notre mieux, à la grande satisfaction des
fidèles qui viennent de loin pour la voir. Sainte Claire y
était en grande vénération, et sa statue a été respectée
et conservée pendant la révolution. Quoique, depuis cette

époque néfaste, la chapelle fût dans un bien triste état, on est toujours venu se recommander à cette sainte, qu'on invoque surtout pour obtenir la guérison des maladies des yeux.

« Notre sanctuaire est bien beau ; le fond de l'autel est décoré de sculptures admirables ; il y a dix belles colonnes, dont six, en bas, soutiennent un entablement très bien exécuté, et quatre au-dessus encadrent la statue de la Très Sainte Vierge, dans une gloire et des nuages magnifiques. Les espaces entre les colonnes inférieures sont occupés par un tableau, qui forme le fond immédiat de l'autel et représente la Sainte Famille. Aux côtés, il y a, dans de fort belles niches, les statues de sainte Claire et de saint François d'Assise. Elles sont très grandes.

« Tous les détails de cette chapelle avaient été exécutés avec grand soin. Le lutrin des chanoinesses est très bien sculpté — c'est un ange qui soutient le livre sur sa tête avec ses deux mains. La chaire est ornée de très belles sculptures. L'abat-voix est surmonté d'un ange et orné de rideaux sculptés, qui se replient vers le milieu du fond de la chaire, à la hauteur de la tête du prédicateur. La voûte de la chapelle est surmontée au-dessus du chœur d'un dôme très élevé. Il y a tout autour de la chapelle une grande boiserie bien travaillée, et, grâce à Dieu, en bon état. Votre amour pour Notre Seigneur Jésus-Christ vous rendra tous ces détails intéressants, j'en suis sûr.

« Notre église est ouverte aux fidèles ; nous confessons, nous prêchons, nous célébrons des messes de mort ; nous recevons du saint Scapulaire, nous faisons les processions de cette confrérie, tous les troisièmes dimanches du mois. Nous célébrons solennellement toutes les fêtes de la sainte Église, et toutes les autres fêtes de première et seconde classe, ainsi qu'un grand nombre de fêtes des saints de notre Ordre. Nous chantons, dans ces fêtes, tierce, la grand'messe, les vêpres et quelques parties de matines, que nous disons toujours en communauté. »

II. — *Pauvreté et régularité des premiers Carmes au couvent de Montigny*

Leur communauté n'était pas nombreuse. Le Père Dominique était retourné à Bordeaux pour y renouveler les élections ; il ne restait au couvent de Montigny que le Père Michel, Supérieur, deux Pères conventuels, le Père Jean-Baptiste, et le Père Joseph de Jésus avec un frère convers, le Frère Joseph. « Nous sommes ici quatre religieux, écrivait le Père Joseph à M. l'abbé Masson ; nous vivons comme au Broussey, sous la Règle primitive du Carmel, selon la sainte Réforme de notre Bienheureuse Mère sainte Thérèse et de notre Bienheureux Père saint Jean de la Croix. Nous recevons ici les prêtres et les séculiers qui veulent faire des retraites et nous avons un peu de place pour les recevoir.

Quoique la maison de Montigny ne fût qu'un vicariat, à cause du petit nombre des religieux qui l'habitaient, on y faisait cependant tous les exercices prescrits par la Règle. On se levait à minuit, et, après les matines, on faisait la méditation jusqu'à deux heures. Pendant tout le temps qu'il fut à Montigny, le Père Joseph y remplit les fonctions de sonneur de nuit, et il n'était jamais en retard. Il ne manqua jamais à aucun exercice de la communauté, et donna toujours l'exemple d'une parfaite régularité. Il ne pensait qu'à observer, avec la plus grande perfection, les constitutions, les cérémonies du culte divin, ainsi que toutes les saintes coutumes qui sont suivies dans l'ordre des Carmes. Elle était dure et laborieuse la vie qu'il menait ; mais il était content, et, pour encourager ses parents à vivre en bons chrétiens, il leur exprimait le contentement, le bonheur dont il jouissait dans la vie religieuse. Il écrivait à sa sœur : de Montigny, le 13 décembre 1844.

« Vous pensez bien qu'en qualité de frère, je vous parle pour votre plus grand bonheur. Or, voici ce que je dois vous dire : Cherchons le royaume de Dieu et sa justice, et tout le reste nous sera donné par surcroît. Du centre de notre pauvre couvent, je me fais un devoir de vous crier que j'éprouve à chaque instant la vérité des promesses de Notre-Seigneur Jésus-Christ, à savoir, que l'on reçoit, même pendant cette vie, le centuple de tous les sacrifices que l'on fait pour accomplir la volonté de Dieu. Tous mes confrères disent de même.

Voici quelques détails sur notre vie ; et ceci est public, tout le monde le voit et l'entend ; je puis donc vous le dire.

« Nous nous levons, toute l'année à minuit pour chanter l'office ; nous couchons sur des planches avec trois couvertures ; nous faisons toujours maigre [1], nous n'avons ni bas, ni linge. Nous ne sortons presque jamais ; il faut dés raisons indispensables pour quitter le cloître. Nous avons fait vœu de pauvreté et d'obéissance. Quelques gens du monde disent de nous : « Ce sont des fous. » — Eh ! bien, ma sœur, ces fous sont heureux, et ils vous disent que tout ce qu'ils font est récompensé au centuple dès cette vie.

« Communiquez mes sentiments à mon cher frère, et profitez de cette circonstance, pour l'exhorter à s'approcher des sacrements aux principales fêtes. Je travaille nuit et jour au salut des autres, et je suis, ô mon Dieu, dévoré du désir de vous sauver tous, mes chers parents, et de vous faire acquérir dans le ciel à vous, ma sœur, vous qui me comprenez, ainsi qu'à ma bonne mère, une couronne, des trésors, des jouissances, un royaume, des vêtements glorieux. »

1. Leur maigre fut souvent plus que maigre. Le Père Joseph ne parle pas de ce que, en 1851, Mgr Mathieu, archevêque de Besançon, affirmait aux élèves sulpiciens de la maison de la Solitude à Issy. Il leur disait : « Le Père Joseph Sadrin fut un des religieux Carmes qui ont supporté des privations et des souffrances inouïes. Leur pauvreté était telle, que dans les premiers temps, ils furent réduits à se nourrir de feuilles d'arbres, et ils ne se plaignaient pas. Je leur fis des reproches de ce qu'ils étaient restés, sans me le dire, dans un si grand dénûment. »

Tous ces détails que le Père Joseph et le Père Michel nous ont donnés, sur la vie austère et régulière qu'ils menaient, sont confirmés par la relation que le Frère Charles adressa, à Rome, à son Révérend Père Général qui l'avait envoyé en France, pour faire une quête en faveur de la reconstruction du monastère et de l'église du Mont-Carmel en Palestine. Le Frère Charles passa, au mois d'octobre 1845, une dizaine de jours au couvent de Montigny, où les Carmes étaient installés depuis dix-huit mois. Et il fut si édifié de leurs vertus et de leur ferveur, qn'il écrivit au Révérend Père Général la relation suivante [1].

III. — Relation du Frère Charles sur le couvent de Montigny

« Le 11 octobre, je me suis dirigé de Vesoul vers le petit village de Montigny, qui est à deux lieues environ de cette ville. Une pluie battante m'a accompagné tout le long du chemin ; la voiture ou plutôt le petit cabriolet qui me portait étant découvert, et le parapluie ne pouvant que m'être très peu utile à cause du vent, j'ai été largement arrosé. Aussitôt que je fus arrivé je me

1. Tandis que le Révérend Père Dominique rétablissait l'Ordre des Carmes en France, le Révérend Père Général de la Congrégation des Carmes d'Italie, résidant à Rome, relevait de ses ruines le couvent du Mont-Carmel en Palestine. Les Turcs l'avaient détruit de fond en comble, après le départ de Bonaparte qui, avec sa petite armée, venait de faire une

rendis à notre petit couvent, habité par trois Pères et un Frère, tous espagnols, excepté un Père qui est français. La pauvreté de ces religieux est héroïque comme leurs vertus. Le couvent est petit, modeste et manque de tout ce qui est quasi nécessaire, il n'a en tout que dix petites chambres, toutes nues, où l'on ne voit que la plus stricte et la plus rude pauvreté. Les religieux dorment entre deux couvertures de laine grise, c'est-à-dire à peu près sur les planches.

« Les Pères m'ont bien accuelli, et, en ma qualité d'hôte, ils m'ont donné le soir une petite omelette, c'est là un mets qui se donne dans les plus grandes solennités. Leur nourriture ordinaire est, le soir, une écuelle de pain bouilli dans l'eau avec un peu d'huile, à midi pour dîner, ils ont un pareil potage avec des haricots, des pommes de terre et plusieurs légumes mêlés ensemble dans une

gloricuse expédition en Syrie, mais avait fini pas échouer devant St-Jean-d'Acre, qu'il avait vainement assiégé. Comme il fallait une somme considérable pour reconstruire le couvent du Mont-Carmel, le Révérend Père Général des Carmes, avec l'autorisation du Saint Siège, choisit quelques frères convers et les chargea de quêter dans toute l'Europe.

Il envoya, pour faire la quête en France, le Frère Charles et le Frère Jean-Baptiste. Celui-ci excellent architecte fut ensuite chargé de la direction des travaux. C'est lui qui a reconstruit le monastère du Mont-Carmel sur de larges bases, tel qu'on le voit aujourd'hui, en forme de forteresse capable de soutenir un siège. Le Frère Jean-Baptiste vint faire la quête à Paris, où il s'adressa à Alexandre Dumas père, qui l'accueillit parfaitement et lui donna une bonne aumône. Il écrivit aussi en faveur de l'œuvre un magnifique article, qui parut dans plusieurs journaux, et fit une très heureuse impression. De son côté, le Frère Charles, en quêtant dans l'Est de la France, passa au couvent de Montigny.

même écuelle, comme qui dirait une soupe ; puis une seconde écuelle de soupe au lait et voilà le dîner fini. Ils sont le modèle de la vie religieuse pénitente ; mais, en même temps, on voit briller en eux la sérénité, le calme de l'esprit, la charité parfaite, l'admirable union des cœurs.

« Leur obéissance peut se comparer à la plus sévère et la plus exacte des plus fervents noviciats que je connaisse. Ils sont exacts au chœur où ils vont psalmodier toutes les heures, et ponctuels à l'office de Matines à minuit, et à toutes les autres Règles de notre saint Institut. Le silence est rigoureux ; en un mot, cette petite communauté renouvelle les prodiges des antiques habitants des déserts de la Thébaïde et des solitaires du Carmel ; les peuples d'alentour les admirent et les respectent. Ils sont très retirés, et ne sortent que dans les cas extraordinaires, soit pour le bien des âmes, soit pour quelque affaire importante. Après l'office ils s'occupent assidûment au tribunal de la pénitence. Au réfectoire, ce qui leur sert de table est une vieille porte soutenue par deux vieux morceaux de bois tout vermoulus, leurs plats sont des écuelles grossières en terre, et les pots qui renferment l'eau, leur boisson de prédilection, sont aussi en terre. Ils servent, mais rarement, sur la table un très mauvais vin blanc très âpre.

« L'église est aussi très pauvre et petite, mais elle est gracieuse et fort propre. Il y a un autel de marbre très beau, avec quatre colonnes et deux statues, une de chaque

côté, représentant, l'une saint François d'Assise, et
l'autre sainte Claire. Le tableau de l'autel représente la
très Sainte Vierge tenant son divin Enfant entre ses bras;
mais il est un peu dégradé. Au bas de l'église sont deux
petits autels. Il y a une tribune au-dessus de la porte
d'entrée, mais sans orgue. Jusqu'a présent l'église n'a
pas de cloche, pas même de clocher, pour annoncer la
messe ou appeler les fidèles à la prière. La sonnette de
la porte sert pour toutes les fonctions domestiques et la
petite sonnette de l'autel sert, le matin, pour indiquer la
fin du grand silence après Prime, et le soir après les
Complies, pour annoncer le commencement du même
grand silence que l'on ne rompt jamais.

« Dans tout le couvent, il n'y a que dix cellules, comme
je l'ai dit, un salon exigu, un petit réfectoire et un taudis
qui sert de cuisine. Il n'y a ni oratoire, ni bibliothèque.
Le susdit salon pourrait servir de bibliothèque, mais ils
n'ont pas de livres. Ils ne vivent que de la seule aumône
de la messe qui est de vingt sous. Ce qui est admirable,
c'est qu'ils sont contents et heureux en grande union
de charité.

« Le Père Michel, espagnol, est Supérieur; a son tour,
comme les deux autres Pères et le Frère convers, il lit
et sert au réfectoire, allume et éteint les cierges, allume
et soigne la lampe du Très Saint Sacrement, ouvre et
ferme l'église, tient les clefs de la porte. Il en est de
même pour le balayage, et pour tous les offices de la
maison. L'autre Père espagnol s'appelle le Père Jean-

Baptiste de l'Assomption, et le troisième qui est français, c'est le Père Joseph (Sadrin), tous les trois de sainte vie; mais ce dernier surtout d'une sainteté extraordinaire, d'une ferveur extrême, d'un bon exemple très édifiant, le premier à toute l'observance régulière, rigoureux pour lui-même, doux pour les autres, infatigable pour confesser et pour prêcher; il prêche très bien, il attire de tous les environs les fidèles qui aiment à l'entendre, et retirent un grand fruit de ses sermons.

« L'office divin se fait tout entier comme dans une communauté nombreuse; j'ai passé neuf jours dans ce couvent avec plaisir : j'y ai célébré la fête de notre Mère sainte Thérèse, avec une consolation telle que je n'en perdrai pas facilement le souvenir. L'observance est celle de la Congrégation d'Italie, mais elle est mêlée d'usages espagnols spécialement dans le chant de l'office. Ils prennent la discipline à minuit, après Matines qui durent deux heures, et auxquelles assistent les Pères et le Frère. Cet usage n'est pas celui de la Congrégation d'Italie, où l'on prend la discipline le soir, après l'examen de conscience.

« Je fais des vœux pour que le ciel continue à répandre ses bénédictions sur cette édifiante communauté, petite par le nombre, mais grande par les mérites ; je voudrais que de si lumineux exemples eussent de l'influence sur tout l'ordre du saint Carmel, et je suis sûr qu'alors il deviendrait un jardin fertile en fleurs et en fruits, dignes de sa gloire et de sa beauté antiques, dignes du ciel.

« Le 20 octobre, je suis reparti pour Vesoul plein de consolation et de joie, et je ne cesserai de bénir la Providence pour les grâces que j'ai reçues dans ce couvent de Montigny, où j'ai été l'heureux témoin des plus belles et des plus édifiantes vertus. »

IV. — Vertus du Père Joseph : obéissance, mortification, humilité

C'est par sa sainteté que l'abbé Sadrin avait fait le plus d'impression sur tous ceux qui l'avaient connu à Ste-Garde et à Cavaillon ; ce fut aussi par sa sainteté, comme l'atteste la relation du frère quêteur du Mont-Carmel, qu'il se faisait remarquer au couvent de Montigny. Ce qui fait ressortir la sainteté, ce sont les vertus pratiquées à un degré éminent Celles qu'on admirait dans le Père Joseph, c'étaient les mêmes qu'on avait reconnues en lui, quand il était professeur et vicaire : c'étaient son obéissance, sa bonté, son humilité, sa mortification, son amour de Dieu et du prochain ; mais, dans le religieux, elles s'élevaient à une plus grande perfection. Ses confrères, les Pères Carmes qui furent à Montigny les témoins de sa vie religieuse, ont consigné dans leurs annales quelques traits, quelques récits qui nous montrent jusqu'à quel point le Père Joseph pratiquait toutes les vertus d'un fervent religieux.

« Il était, disent-ils, d'une ponctualité et d'une exactitude extraordinaires pour l'assistance à tous les exercices. Il cherchait le plus parfait dans toutes ses actions, et on a pu *assurer* qu'on n'a jamais pu remarquer en lui aucune faute de propos délibéré. Jamais il ne se permit le moindre murmure, non seulement contre ses Supérieurs, mais pas même contre ses frères, qu'il regardait comme des saints. Il avait l'humilité et la simplicité d'un enfant. »

« Une fois, disait son Supérieur, je lui demandai s'il n'éprouvait pas quelque ressentiment contre ses frères, dans certaines circonstances qui paraissaient lui en donner le motif. Sa réponse fut pour moi un grand sujet d'édification. « Mon Père, me dit-il, je vénère tous mes confrères comme des saints, et, s'il m'était permis, je baiserais leurs crachats comme des reliques. »

Cette haute estime, cette vénération pour ses confrères, que le Père Joseph témoignait à son Supérieur, il l'exprimait aussi dans ses lettres à ses parents. Il écrivait à sa sœur : « Si malheureusement quelques personnes de notre famille ne fréquentent pas les sacrements, dites-le moi, afin que je les recommmande aux prières de nos bons Pères, qui sont bien puissantes auprès du Bon Dieu. On a vu l'un d'eux en extase, priant Dieu, sans toucher la terre ni des pieds ni des genoux. Notre Frère servant prie nuit et jour, par un très grand froid, malgré ses infirmités et son âge avancé. »

Il se mortifiait lui-même de toutes les manières. Il s'y était si bien habitué depuis longemps, que l'observance des Carmes, toute rigoureuse qu'elle est, lui paraissait fort douce. Il disait souvent : « La vie du Carmel, c'est le printemps du Paradis. » L'hiver de 1844 fut si rigoureux, qu'à la messe, l'eau de la burette était gelée, et qu'il fallait la faire fondre avec du feu. Dans ces jours où le froid était si pénétrant, le Père Joseph vint, suivant l'usage de son Ordre, demander au Père Supérieur la permission de faire diverses mortifications, et en particulier celle de coucher sans couvertures. Le supérieur qui était transi de froid, et se tenait tout pelotonné et enveloppé de ses couvertures, dans un coin de sa chambre, lui dit : « J'y consens, mais à condition que vous coucherez sur le plancher de votre cellule. — Très volontiers, répondit-il. — Eh bien ! apportez-moi vos couvertures, car j'en ai bien besoin. » Le Père Joseph va immédiatement chercher ses couvertures, mais lorsqu'il revient sur la porte de son Supérieur, celui-ci, prenant un air sévère, lui adresse un vif reproche : « C'est par orgueil, lui dit-il, que vous faites tout cela, et non par un véritable esprit de mortification, etc... » Le bon religieux se met à genoux, se prosterne à terre et reçoit cette réprimande avec beaucoup d'humilité. « Relevez-vous, lui dit alors le Père Supérieur et ne soyez plus extravagant comme vous l'êtes. » — Il se releva et s'en alla, emportant son paquet de couvertures, et content d'avoir été humilié *ibat gaudens contumeliam pati.*

Une nuit de ce grand hiver de 1844, le Père Supérieur, sentant que le froid sévissait bien fort, dit au Frère convers qui assistait à l'office de nuit et à l'oraison, d'aller allumer du feu pour que ceux qui le voudraient pussent se réchauffer. Quand le Père Joseph vit cela, il trouva que l'on commençait à se relâcher, et immédiatement il en informa le Supérieur majeur qui lui répondit : « Mon enfant, soyez tranquille. Je suis au courant de tout, ne craignez pas de relâchement pour le moment. La vie que vous menez est aussi austère que celle des déserts de la Thébaïde. Soyez toujours obéissant et humble. Je vous donne ma bénédiction. Signé : P. Dominique. » Cette réponse fut trouvée plus tard par le Père Supérieur dans les papiers du Père Joseph.

Tandis qu'il se trouvait à Montigny, le Père Dominique recommandait au Père Joseph l'humilité et l'obéissance, et, plus d'une fois, pour l'éprouver et le perfectionner, il lui ménageait l'occasion de pratiquer ces vertus. Il lui adressa un jour des paroles si dures, que le Père Michel, qui était présent, en était tout confus. Craignant que le Père Joseph ne tombât dans le découragement, il se permit de faire une observation au Père Dominique, et de lui dire qu'il allait trop loin. « Oh ! ne craignez rien, reprit le Père Dominique, le Père Joseph n'est jamais si content, que lorsqu'il est tenu longtemps humilié, la face contre terre. Ce n'est pas que cela soit naturel chez lui ; il se sent porté à l'orgueil, et toutes les fois qu'on peut blesser son amour-propre, il remercie intérieurement celui qui veut bien lui faire cet acte de charité. Le Père Caduc nous a dit qu'il fallait impitoyablement briser l'orgueil de ce jeune religieux, parce que c'était là le moyen de lui faire du bien et de lui rendre service. »

Peu de temps après son arrivée à Montigny, le Père Joseph obtint du Père Dominique la faveur d'aller soigner les nombreux malades de l'hôpital de Besançon, victimes d'une épidémie qui sévissait, alors, dans cette ville. Pendant qu'il était tout heureux de se dévouer à cet exercice de charité, il reçut une lettre de son Supérieur qui commençait par ces mots : « Mon cher enfant, venez tout de suite » ; sans en lire davantage, il referme la lettre, s'arrache à ses chers malades et se met en route. Cependant on lui disait dans la lettre de faire certaines commissions en passant par Vesoul. Quand il arrive à Montigny, le Père Dominique lui demande s'il a fait les commissions. — « Lesquelles ? dit-il tout surpris. Celles que je vous ai indiquées dans ma lettre. Retournez à Vesoul, vous aurez en route le temps de lire ce que je vous ai écrit, et vous verrez les commissions que vous devez faire. » Obéissant de nouveau aveuglément, le Père Joseph revient à Vesoul, lit la lettre, fait les commissions et rentre à Montigny, demandant une punition pour sa faute. On ne jugea pas à propos de lui en infliger. Il l'aurait acceptée avec le plus grand plaisir, parce qu'il croyait bien avoir commis une grande faute de désobéissance, en ne lisant que les premiers mots de la lettre.

V. — *Son zèle et ses succès dans le ministère de la prédication et de la direction des âmes*

Le Père Joseph, après avoir assisté très régulièrement, à tous les exercices de la communauté, employait tous son temps à remplir les fonctions qui lui étaient confiées dans le monastère, à confesser, à prêcher, et à toutes les œuvres qui ont pour objet le salut et la sanctification des âmes.

Dès son arrivée à Montigny, le travail ne lui manqua pas. Mais il était actif, zélé pour la gloire de Dieu et le salut des âmes ; il ne disait jamais : *C'est assez*, mais toujours : *Encore plus*. Il était heureux d'en avoir plus qu'il n'avait espéré.

Il écrivait à M. l'abbé Masson, le 3 juillet 1844 :

« En entrant dans notre saint Ordre du Carmel, je ne savais pas que je devais être employé si fréquemment aux fonctions du saint ministère. Notre institut qui embrasse la vie active et contemplative répond à tous les attraits que l'on peut avoir, et la sainte obéissance détermine à chacun ce qu'il doit faire ; et cela, grâce au bon Dieu, dans les moindres détails. J'ai eu le bonheur de passer deux ans dans le cloître ; c'est le lieu le plus sûr pour un religieux. Mais à présent je suis fréquemment obligé de quitter notre bienheureuse cellule. Que le bon plaisir du bon Dieu soit accompli en tout et partout ? Je suis obligé de prêcher très souvent. Tous les dimanches et toutes les fêtes, j'ai le bonheur d'annoncer la parole de Dieu. Notre Père Supérieur me met en outre à la disposition de tous les prêtres qui réclament mon ministère. Les ouvriers évangéliques ne suffisent pas à la moisson que leur offre le diocèse de Besançon. Il y a en Franche-Comté beaucoup plus de religion que dans les autres provinces. Le Père Guillermet, Supérieur des Jésuites à Vesoul, m'a dit qu'il avait déjà promis tous ses religieux à diverses paroisses, pour un an et demi d'avance. Quelques autres missionnaires diocésains travaillent avec un zèle infatigable.

« Quoique nous ne soyons dans notre nouvelle fondation que depuis fort peu de temps, j'ai déjà passé quelques semaines hors du couvent pour travailler au salut des âmes. »

Ces détails que le Père Joseph donnait, sur ses occupations et ses prédications, étaient l'exposé des motifs d'une demande qu'il adressait à M. l'abbé Masson, son compatriote et son ancien professeur de rhétorique : « Voici, continuait-il dans sa lettre, la grâce que ma position me force de vous demander, ce serait d'avoir l'extrême bonté de me prêter les sermons manuscrits que vous avez en grand nombre. Je vous en prie, pour l'amour du bon Dieu, et dans l'intérêt du salut éternel de nos frères. Il m'est tout-à-fait impossible de composer des sermons; outre ce qui me manque du côté des talents, je suis également dépourvu de toute autre ressource. Nous n'avons que quelques livres qui nous ont été donnés par quelques bonnes âmes, et puis quelques volumes de théologie, et voilà toute notre bibliothèque.

« L'établissement de notre fondation, les soins qu'exigent notre chapelle et notre sacristie, toutes les autres occupations de notre observance, les leçons de langue française qu'il me faut donner très régulièrement à nos Pères, ne me laissent pas beaucoup de temps; et ce temps, il me faut l'employer au confessionnal. Outre les gens du pays, nous avons aussi des étrangers, des prêtres qui viennent se confesser à nous. Nous en bénissons le bon Dieu.

« C'est surtout pour avoir plus de temps à employer aux confessions, que je vous demande vos sermons pour m'en servir, lorsque je dois prêcher dans notre couvent ou dans les missions. Je m'économiserai ainsi des moments précieux. Notre Père Supérieur qui voit bien le surcroît de mes occupations approuve la demande que je prends la liberté de vous faire; il me semble qu'elle vous sera agréable, parce que vous aurez une grande part, dans le bien que je pourrai faire pour le salut des âmes. Vous voyez que nos ressources sont à peu près nulles. Votre charité peut me mettre en état de faire tout ce qu'on me demande, en chaire et au confessionnal; par cette bonne œuvre, vous contribuerez aussi beaucoup à la gloire de Notre-Dame du Mont Carmel, qui veut bien se servir d'un pauvre misérable comme moi, pour établir le nouveau couvent des Carmes qu'elle s'est donné en France. Plus vous pourrez m'envoyer de sermons, plus vous m'obligerez. Il n'est pas de sujet que je ne sois obligé de prêcher, puisque je suis si souvent dans la chaire de vérité, soit dans notre couvent, où nous avons des concours assez considérables, tous les dimanches et toutes les fêtes et solennités de l'année, soit dans les églises où m'envoie la sainte obéissance.

Nous ignorons, si le Père Joseph obtint les sermons qu'il demandait ; mais nous savons qu'il se livra avec un grand zèle et beaucoup de succès au ministère de la prédication et de la confession. Il faisait bien, certainement, d'employer tous ses moments disponibles à étudier et à préparer ses prédications ; mais dans son humilité il s'ignorait lui-même. Nous avons vu que, depuis sa jeunesse, il avait reçu de Dieu le don de tirer de son cœur, brûlant de l'amour de Dieu et du prochain, des paroles enflammées qui éclairaient, bouleversaient et convertissaient les âmes. Devenu religieux, il était encore plus uni à Jésus-Christ, et Jésus-Christ était plus vivant en lui pour lui faire porter des fruits. Car ainsi que le dit Notre Seigneur : *Qui manet in me, et ego in eo, hic fert fructum multum* [1]. — Il n'est pas étonnant que le ministère du Père Joseph produisît les fruits les plus abondants.

Joan, ᴛv, 5.

Les Révérends Pères Carmes se souviennent bien du zèle ardent qu'avait le Père Joseph pour travailler au salut des âmes. Mais ils n'ont pu recueillir que les traits suivants ;

Lorsqu'il allait à Vesoul pour faire des commissions, s'il trouvait sur son chemin quelque pauvre mendiant, il était tout joyeux de l'amener au couvent. Il lui donnait d'abord à manger, puis après l'avoir bien préparé, il le confessait, et il le congédiait, le corps et l'âme bien réconfortés.

Pendant les vacances du mois de septembre, les nombreuses institutrices de la contrée venaient à Montigny faire une petite retraite, où elles se ranimaient dans la ferveur, en recevant les sacrements de la Pénitence et de l'Eucharistie. Toutes voulaient s'adresser au Père Joseph, qui était le seul Père français de résidence à Montigny. Il les accueillait avec la plus grande charité et leur faisait beaucoup de bien par ses sages exhortations. Elles étaient parfois si nombreuses, qu'elles étaient obligées d'attendre plusieurs jours pour se confesser.

Beaucoup de prêtres venaient aussi se confesser au Père Joseph, et faire des retraites sous sa direction. La sanctification des prêtres, c'était son œuvre de prédilection. Dans l'ardeur de son zèle, il aurait voulu leur faire atteindre trop vite le degré de perfection, où il était déjà arrivé, et on le trouvait parfois un peu exigeant.

Son Supérieur lui faisait un jour une observation, à ce sujet, et lui disait : « Si Monseigneur l'Archevêque de Besançon venait faire une retraite et se confesser à vous, lui feriez-vous tant de questions ? — Oui, répondit-il, et de plus je me fàcherais bien. — Vous oublieriez que Monseigneur est votre archevêque, et qu'il a été votre directeur et père spirituel ? — Oh ! mais alors je serais le sien ; les rôles seraient changés. — Eh ! bien alors, vous seriez un grand arrogant. » A ce mot, il voit qu'il a tort, et il se prosterne pour s'humilier et demander pardon.

Une fois cependant, il ne put se retenir de faire une observation à Monseigneur Mathieu. Dans une visite à l'archevêque de Besançon, son Supérieur, le Père Michel, l'avait pris pour compagnon. En traversant les antichambres et les salons du palais archiépiscopal, le Père Joseph, amateur de la plus stricte pauvreté, fut fort étonné de voir tant de fauteuils, tant de beaux meubles, et en paraissant devant Sa Grandeur, il lui dit, respectueusement c'est vrai, mais il lui dit, qu'il y avait trop de luxe dans ses appartements. Monseigneur Mathieu qui connaissait le zèle du fervent religieux, accepta bien cette monition, dont il ne perdit point le souvenir. En effet, en 1851, deux ans après la mort du Père Joseph, il fit à un des séminaristes de la maison de la Solitude, à Issy, [1] le récit de la pieuse scène que

____

1. M. l'abbé Illy maintenant curé archiprêtre de St-Siffrein à Carpentras,

ce bon Père vint lui faire: « Il arriva dans mon salon, et se jetant à genoux, il me dit : « Monseigneur, j'ai une grâce à vous demander. — Mais, d'abord, lui dis-je, relevez-vous, vous me parlerez debout. Quelle est donc cette grâce que vous voulez? — Monseigneur, c'est que vous sortiez du milieu de ce luxe, dans lequel vous vivez, et que vous vous débarrassiez de tous ces beaux meubles qui décorent vos appartements, afin d'être mieux en conformité avec la pauvreté évangélique. — Je fus fort touché de cet accent de foi, de cet esprit de Notre-Seigneur qui animaient ce bon religieux, que j'avais en grande vénération, et je lui dis : « Soyez assuré que je suis aussi pauvre que vous. Il ne m'est pas facultatif de me défaire de tous ces objets de luxe. Ce palais avec ses meubles, ses tableaux, appartiennent au Gouvernement, qui me prête ce logement, et je vous prie de croire que mon cœur n'y est nullement attaché. »

Le Père Joseph, dans ses lettres à sa famille, nous a donné des détails intéressants sur son ministère. Sauver des âmes, c'était la joie, la nourriture de son âme. Il parle à ses parents de ce qu'il aime ; et en leur citant des traits touchants de la piété et de l'esprit religieux des populations qu'il évangélise, il les encourage et les exhorte à bien remplir eux aussi leurs devoirs de chrétiens. Dans la première lettre qu'il leur écrit de Montigny, le 11 décembre 1844, il leur dit :

« Ma chère mère et tous mes chers parents. La Providence veut bien conserver notre communauté, dans le couvent que nous avons établi depuis quelques mois, dans le diocèse de Besançon. Grâce à Dieu, il y a de bien fervents chrétiens dans le pays que nous habitons. Les saints offices de la paroisse sont très longs; néanmoins tout le monde les fréquente avec une assiduité bien édifiante; on s'approche très souvent des sacrements. Les hommes se confessent si exactement, qu'un de nos voisins m'a dit que, dans notre paroisse de Montigny, personne ne manquait de faire ses Pâques; il règne une charité et une union admirables entre tous ces bons chrétiens. Que l'on serait heureux sur la terre si notre sainte religion était partout si bien conservée!

« Je vous avais déjà dit dans mes lettres de Bordeaux, qu'un des grands avantages que j'ai dans l'état religieux, c'est de faire connaissance avec les chrétiens les plus vertueux des pays que l'on habite. Voici des exemples bien touchants qui prouvent, que l'on peut observer notre sainte religion, dans tous les états où la divine Providence nous place.

« Peu de temps après notre arrivée au couvent de Montigny, un colonel de la ville de Vesoul, ayant fait connaissance avec nous, et voyant que nous avions besoin de beaucoup d'objets pour notre église, il s'est occupé de toutes ses forces à nous procurer, et à nous faire donner par d'autres bonnes âmes tout ce dont il a pu nous pourvoir. Grâce à son zèle et à sa charité, notre sacristie est approvisionnée de tout ce qui est nécessaire, pour célébrer les saints offices. Cet excellent chrétien vient de nous apporter encore une belle garniture de bouquets qu'il a faits lui-même; il se confesse, souvent et sans respect humain; il est aussi courageux pour remplir ses devoirs de religion qu'il a été brave militaire; il a bien fait le service des armes, et il porte la croix de la Légion d'Honneur.

« D'autres militaires sont venus de Vesoul se confesser à notre couvent; la profession des armes ne leur fait pas perdre leurs sentiments religieux. Pendant le mois entier que j'ai passé à Besançon, j'ai vu venir se confesser beaucoup de militaires, qui profitaient de leurs moments libres, pour s'approcher des sacrements. De si beaux exemples condamnent bien justement, tant de chrétiens, qui ont beaucoup de facilité pour remplir leurs devoirs.

« Tout le monde convient que l'on est toujours content après s'être confessé, et l'on ne veut pas se donner la moindre peine, pour remplir une obligation si nécessaire. Dans la Franche-Comté, on voit à toutes les fêtes, les jeunes gens et les hommes de tout âge se faire un devoir de se confesser. Il n'y a ni occupation ni respect humain qui les arrête; ces vaillants chrétiens se feraient massacrer plutôt que de trahir leur conscience, et s'il fallait encore des martyrs, on en trouverait dans le pays que nous habitons. On peut constater ici les bienfaits du christianisme; car je n'ai vu autant de prospérité dans aucune autre province. Le crime rend les pères et les mères malheureux, tandis que la justice fait régner le bonheur et même l'abondance, sur les nombreux enfants que de parents chrétiens élèvent dans la crainte de Dieu, sans se méfier de la divine Providence. Qui est-ce qui nourrit les oiseaux du ciel? Et tous les hommes ensemble avec toutes leurs industries pourraient-ils créer un épi de blé?

« Mais pour trouver le bonheur dans notre religion, il faut la pratiquer. Ici, à notre couvent, nous voyons les hommes, les mères de famille, les jeunes gens tout laisser, pour venir se confesser. Depuis que notre église est ouverte, tous les jours, à toute heure, du matin au soir, nous voyons arriver des gens du voisinage et des pays plus éloignés qui viennent faire leurs dévotions.

« Le ciel en soit béni !

« Au moment où je vous écris, c'est une heure et demie, et j'entends passer dans le cloître notre Père Supérieur qui retourne du confessionnal; depuis la collation d'hier au soir, il n'a pris aucune nourriture. Cela arrive souvent aux confesseurs de la communauté, pour ne pas faire trop attendre de bons chrétiens qui viennent pour se confesser. On sait dans ce pays qu'il n'y a qu'une seule chose nécessaire; qu'il ne sert de rien de gagner l'univers, si l'on perd son âme; que Dieu récompense au centuple ce que l'on fait pour sa gloire, et que la piété est utile à tout. Que ne puis-je dire à tous les hommes ce que je vous dis ici : « Non,

non, on n'est pas excusable de ne pas remplir ses devoirs de chrétiens, puisqu'il est certain que la religion fait notre bonheur sur la terre ! Tous ceux qui en font l'expérience rendent témoignage à cette vérité, tandis que les chrétiens négligents ont bien raison d'appréhender la mort et le jugement, où ils rendront à Dieu un terrible compte de leur peu de courage à pratiquer notre sainte religion, et surtout à se confesser. »

Dans une autre lettre, le père Joseph écrivait à sa mère:

« Nous avons de bien beaux exemples à notre couvent: des jeunes gens, des hommes qui ont une position dans le monde, et entr'autres un négociant qui a fait plusieurs fois le voyage d'Amérique, viennent faire ici des retraites de dix jours; le soin de leurs affaires ne leur fait pas négliger le soin de leur âme. Au jour du jugement ils lèveront bien la tête devant les misérables qui les censurent; mais ils ne craignent que Dieu. »

Dans sa dernière lettre à sa mère, le père Joseph lui disait: « La religion est florissante en Franche-Comté; la ville de Vesoul donne à tout le département les plus touchants exemples de piété, les sacrements y sont très-fréquentés. En tout temps de l'année, les dignes prêtres de cette édifiante paroisse sont occupés à l'église, du matin au soir. Tous les jours semblent des jours de fêtes, tant on voit du monde à la sainte messe, même les jours de travail. Quoique cette ville soit très commerçante et fréquentée par beaucoup d'étrangers, il y a beaucoup de religion et de piété dans toutes les classes.

Un grand nombre de jeunes gens des meilleures familles communient tous les mois. Les ouvriers aussi s'y conduisent en bons chrétiens; ils ont très bien fait leur jubilé, et ils en conservent si bien les fruits, qu'ils ont écrit une lettre de remercîment au R. P. de Bussy, jésuite, qui les a évangélisés. Combien nous devons désirer que la religion soit partout pratiquée aussi bien que dans ces heureuses contrées ! »

VI. — *Par ses lettres, le Père Joseph exerce un véritable apostolat à l'égard de toutes les personnes de sa famille*

En travaillant avec toute l'ardeur de son zèle à sauver des âmes, le père Joseph n'oubliait pas le salut des personnes de sa famille. Depuis qu'il était prêtre, dans toutes les lettres qu'il écrivait à ses parents, il ne cessait de leur parler de leurs intérêts spirituels et de les exhorter, à remplir parfaitement tous leurs devoirs de chrétiens. Pendant les quatre dernières années qu'il vécut, et qu'il passa au couvent de Montigny, les recommandations qu'il adressait à ses parents furent encore plus pressantes et plus touchantes. Il entrait dans tous les détails et disait à chacun ce qui le regardait particulièrement; il exerçait sur eux un véritable apostolat. Il leur écrivait le 23 janvier 1847.

« Comme le bon Dieu m'a destiné à prêcher les vérités du salut, et que tous mes moments sont consacrés à la sanctification des âmes, je me croirais bien ingrat si je ne vous exprimais les plus grands désirs de mon cœur. C'est pour vous voir éternellement dans le ciel, que je me prive de cette consolation sur la terre.. Quelle peine je ressens, quand je pense que dans le monde vous êtes exposés, au danger d'oublier vos devoirs de chrétiens, et d'être entraînés par les mauvais exemples de ceux qui ne fréquentent pas les sacrements ! Je me repens bien maintenant de n'avoir pas parlé assez ouvertement à nos pauvres oncles, quand ils étaient sur la terre. Maintenant qu'ils sont morts, je regrette de ne pas leur avoir dit assez fortement de faire de bonnes confessions. »

S'adressant à son frère et à sa belle-sœur, il leur disait : « Permettez-moi de vous exposer ce que vous devez faire pour votre bonheur et celui de vos enfants. Pensez qu'il faut aussi acquérir les biens de l'autre monde ; nous n'emporterons pas ce que nous gagnons sur cette pauvre terre, que nous allons quitter bientôt. Nos prières, nos bonnes œuvres, voilà notre fortune véritable. Le bon Dieu veut bien que nous travaillions, mais il veut aussi que nous fréquentions les sacrements. Je ne parlerais pas si ouvertement de confession à tout autre, mais je suis votre frère, et je vous aime, croyez-le bien. N'oublions pas ce que nous allons devenir ; vous le voyez bien, il faut tout laisser à la mort ; nos pauvres parents, qu'ont-ils emporté avec eux en mourant? Que feraient-ils maintenant, si Dieu leur permettait de revenir sur la terre? avec quel soin ne travailleraient-ils pas à leur salut éternel? Faisons donc, maintenant que nous avons encore un peu de temps, ce que nous voudrions avoir fait, quand nous paraîtrons devant Dieu; ne vivons pas comme si nous ne devions jamais mourir. Notre Seigneur nous a avertis qu'il viendra nous demander compte de toute notre vie, à l'heure que nous n'y penserons pas. L'unique moyen de n'être pas surpris, c'est d'être toujours prêts... Que ma belle-sœur me permette de lui adresser les mêmes recommandations qu'à vous, mon bien cher frère. Entendez-vous, pour bien surveiller vos enfants, engagez-les par vos paroles et par vos exemples, à fréquenter les sacrements, empêchez-les, avec beaucoup de précaution et de bonté, de fréquenter les jeunes gens qui ne sont pas sages. Ne leur permettez pas de sortir, le soir; ces sorties du soir sont la source de beaucoup de fautes. Ici dans les pays chrétiens que nous habitons, on voit des mères de famille aller chercher, le soir, dans les cabarets, leurs enfants de dix-huit à vingt ans. Que de désordres n'éviterait-on pas, si on faisait de même partout! »

Il écrivait à ses neveux et nièces: « N'oubliez pas les conseils que je vous ai déjà donnés; faites le bonheur de votre père et de votre mère par votre obéissance; fuyez les compagnies dangereuses, faites bien vos prières du matin et du soir; dans le courant du jour, offrez vos travaux et vos peines au bon Dieu. Ayez une grande dévotion à la très Sainte Vierge. Dites tous les jours trois *Ave Maria*, pour obtenir la grâce d'une sainte mort. La très Sainte Vierge, cette bonne Mère se contente de peu; il suffit d'être constant. Je souhaite que vous soyez reçus de l'archiconfrérie; je prie ma sœur, votre tante, de s'occuper de cette bonne œuvre. »

Sa sœur fort pieuse était son *Alter ego*; il avait avec elle une correspondance particulière, dans laquelle il lui donnait sa direction pour faire ce qu'il aurait voulu faire lui-même. Il la chargeait de le remplacer auprès de sa mère: « Ayez le plus grand soin de notre chère mère, lui écrivait-il; procurez-lui tous les secours spirituels imaginables; ayez soin de son âme avant tout. Faites en sorte qu'elle prie beaucoup, qu'elle aille souvent à l'église, et surtout qu'elle fréquente les sacrements le plus, le plus, le plus possible. »

Il recommandait aussi à sa sœur, son frère, ses neveux et sa nièce et ses autres parents. « Il faut, lui écrivait-il, beaucoup prier pour mon frère; faites-lui la morale, ainsi qu'à mes neveux, et à tous ceux qui pourront en profiter... Que le bon Dieu me fasse la grâce de verser tout mon sang, pour sauver mon frère et tous mes parents et toutes leurs familles! Observez bien ce que je vous ai dit, au sujet de nos neveux et de notre nièce Marie. » Il lui avait écrit dans une lettre précédente: « Ayez bien soin de nos neveux et nièces:

recommandez-leur la fidélité à faire leurs prières, la visite au Saint Sacrement, les confessions très fréquentes. Attirez-les à la maison par toutes sortes de charités... faites beaucoup prier les plus jeunes enfants de mon frère. Je recommande à ma nièce trois *Ave Maria*, tous les jours, pour son père. Apprenez-lui à faire les exercices de piété ; faites vous-même avec elle, tous les jours, autant que possible, la prière du matin et du soir, l'oraison mentale, la lecture spirituelle, ne manquez pas la sainte messe, le chapelet, la visite au Saint Sacrement et à la sainte Vierge. »

Les lettres du Père Joseph étaient comme des encycliques adressées à tous ses parents : « Profitez des visites du jour de l'an, écrivait-il à sa sœur, pour lire ma lettre, à nos parents, afin qu'elle puisse les convertir tous, avec tous ceux qui en auront connaissance ; dites-leur que je désire très ardemment de les voir tous dans le ciel, et que par conséquent je leur recommande de se confesser comme de bons chrétiens. Quand on vit dans le péché, on meurt dans le péché. »

Dans une autre lettre écrite, de Montigny, à sa mère, quelques jours avant Noël, après avoir souhaité la bonne année à tous ses parents, il leur dit : « Nous invitons depuis plusieurs dimanches tous les fidèles à venir se confesser, à l'occasion de la grande fête de Noël. Je vous le recommande bien aussi de toutes mes forces. Si nous voulons voir avec confiance descendre Notre Souverain Juge, au jour terrible, où les hommes comparaîtront devant son tribunal redoutable, il faut se sanctifier, il faut remplir ses devoirs de chrétiens, quand nous en avons le temps. Bientôt on dira de nous ce que nous disons de tant de parents, d'amis que nous allons suivre au tombeau. Ne vivons pas, comme si nous ne devions jamais mourir. Nous mourrons à l'heure que nous n'y penserons pas. Que sert à l'homme de gagner tout le monde?

« Ces pensées doivent nous donner du courage. Quelquefois on ne fait pas son devoir, de peur de faire parler, dit-on. Ne craignons pas ceux qui tuent le corps, mais craignons celui qui, après avoir ôté la vie à notre corps, peut encore précipiter notre âme dans le fond de l'enfer. Celui-là, craignons-le. Notre Seigneur Jésus-Christ rougira devant son Père, quand il viendra dans sa gloire, de celui qui aura rougi de lui devant les hommes. Il faut avoir honte de mal faire; mais y a-t-il du mal à se confesser, à se mettre en état de paraître devant Dieu ? Ne serons-nous pas surpris par quelque accident ou maladie, qui nous empêchera de recevoir nos derniers sacrements, peut-être même de demander pardon au Bon Dieu, sans avoir le temps de nous reconnaître ? Quand le Bon Dieu nous a avertis tout le temps de notre vie, quand notre conscience nous a reproché, des années entières, les péchés que nous avons eu le malheur de commettre, avouons que nous abusons de la miséricorde de Dieu. »

Jésus Marie Joseph!

La paix et la joie du Saint-Esprit.   Saintes fêtes et bonne année.

Ma très-Chère Mère,

Pendant ces saintes fêtes nous serons bien occupés, grâces au Bon Dieu, je prends d'avance ma précaution pour vous adresser mes bons souhaits pour ne pas me trouver en retard. qu'ils soient donc très-heureux pour vous, ma Chère-Mère, pour mon Cher frère et toute sa famille, pour ma sœur et tous nos bons parents. Ces beaux jours où nous allons célébrer la naissance de Notre Seigneur Jésus-Christ.

Nous invitons depuis plusieurs dimanches tous les fidèles à venir en confesse à l'occasion de la Grande fête de Noël: Je vous le recommande bien aussi de toutes mes forces. si vous voulons voir descendre notre souverain Juge avec confiance au jour terrible où tous les hommes comparaîtront devant son tribunal redoutable, il faut se sanctifier, il faut remplir ses devoirs de Chrétien quand nous en avons le temps. Bientôt on dira de nous, ce que nous disons de tant de braves de tant d'amis que nous allons suivre au tombeau; ne vivons pas comme si nous ne devions jamais mourir. nous mourrons à l'heure que nous ne pensons pas que serait l'homme de gagner tout le monde.. Ces pensées doivent nous donner du courage quelquefois on se fait par son devoir de peur de faire. parole. dit-on. Ne Craignons pas Ceux qui tuent le Corps. mais Craignons Celui qui après avoir ôté la vie à notre Corps, peut encore-précipiter notre âme dans le fond des enfers. Celui-là, Craignons-le: Notre Seigneur Jésus-Christ rougira devant son Père quand il viendra dans sa gloire de Celui que rougira de lui. devant les hommes. il faut avoir honte de mes frères, mais y a-t-il du mal à se Confesser! être en état de paraître devant le Bon Dieu? ne serons-nous pas surpris par quelque accident ou maladie qui nous empêchera de recevoir nos derniers sacrements? peut-être même de demander pardon au Bon Dieu sans avoir le temps de nous reconnaître? quand le Bon Dieu nous a averti tout le temps de notre vie-, quand notre Conscience nous a reprochés pendant des années entières des péchés que nous avons eu le malheur de Commettre, avouons que nous abusons de la miséricorde de Dieu.

Nous avons sous les yeux de biens beaux exemples à notre Commune des Gens du monde, de jeunes gens, et entre autres un religieux qui a fait plusieurs fois le voyage d'Amérique, viennent faire de retraite et dix jours avec nous; le soin de leur affaire ne leur fait pas négliger le soin de leur âme. au jour du jugement ils laisseront bien la tête devant les misérables qui les connaissent mais ils ne Craignent que Dieu.

Souhaitez bien les bonnes fêtes à tous mes bons parents. que j'ai nommément désignés dans ma autre lettre. faisons bien notre devoir, Confessons-nous. Confessons-nous pour nous voir au Ciel..

votre humble fils... Le frère Joseph-de Jésus Marie

Sa sollicitude pour le salut de ses parents le détermina à s'adresser à son compatriote M. Masson, vicaire à Courthézon, pour résoudre les difficultés, les cas de conscience, qui pouvaient leur rendre difficile l'observation du devoir pascal. Il lui écrivait, peu après son arrivée à Montigny, le 5 mars 1844 :

« Je vous prie de vouloir bien me permettre de vous suggérer quelques moyens, pour encourager à faire leurs Pâques ceux de mes parents qui sont aubergistes, ou qui exercent un métier qui les expose à travailler le dimanche. Quand on parle à ces bons parents de remplir leurs devoirs de chrétiens : « Comment faire, disent-ils, avec nos malheureux états ? » Ils se regardent donc, dans la position où ils se trouvent, comme dans une espèce d'impossibilité de faire leur salut. C'est surtout pour ne pas servir gras les jours d'abstinence, et pour le travail du dimanche qu'ils ont de la peine à concilier leurs intérêts temporels, avec ceux de l'éternité. Je crois que quelques-uns ont été, il y a déjà quelque temps, découragés par les décisions de confesseurs trop sévères ; et il me semble, qu'en éclairant mieux leur conscience, vous pouvez les mettre dans une bonne voie et leur ôter les obstacles qui les encombrent, quand ils pensent à s'approcher des sacrements. »

Le Père Joseph exposait très clairement les cas, où il est permis aux ouvriers de travailler le dimanche, et aux aubergistes de servir gras les jours d'abstinence. Il renonçait aux solutions des théologiens rigoristes,

trop suivies jusqu'alors, et il adoptait celles de saint
Liguori, que la récente théologie de Mgr Gousset venait
de faire connaître en France. Quelques décisions du
saint Docteur le surprenaient bien un peu, parce qu'elles
étaient contraires à celles que jusqu'alors il avait
suivies.

« Mais, écrivait-il, le salut des âmes m'est plus cher
que toutes mes opinions. Je dois vous dire qu'un saint
prêtre de Besançon a reçu de Rome, cette réponse :
On peut suivre toutes les opinions de saint Alphonse
de Liguori, parce que on a déclaré à Rome, qu'il n'y a
rien de condamnable dans sa théologie. On peut donc
sur cette raison se former la conscience.

« Permettez-moi, continuait-il, de vous demander
en grâce de vous bien intéresser au salut éternel de
tous mes chers parents. Je vous assure qu'ils ont bien
bon cœur ; mais, mon Dieu ! il faut encore vivre en
bon chrétien, se confesser, faire ses Pâques, donner
de bons exemples à ses enfants, leur apprendre à
pratiquer notre sainte religion ; voilà ce que je leur
recommande.

« Témoignez-leur, s'il vous plaît, combien je leur
suis attaché. En quelque pays du monde que la divine
Providence m'appelle, je porterai toujours dans mon
cœur mon très cher frère et tous mes bons parents.
Leur bonheur fera mon propre bonheur. Conjurez-les,
en mon nom, de faire en sorte que nous nous trouvions
tous réunis dans le ciel, puisque dans ce monde il faut

que nous vivions si loin les uns des autres. Communiquez-leur tout ce que vous jugerez à propos de cette lettre. »

Il énumérait ses nombreux cousins, les citait par leurs noms, disait un mot particulier sur chacun. « Ils vous accueilleront bien, ajoutait-il ; j'espère qu'avec la grâce de Dieu vous les amènerez à pratiquer notre sainte religion. Ils ont de très bonnes dispositions ; ils ne sont que trop embarrassés dans les affaires de ce monde. Il suffira de les presser un peu pour les engager à se confesser ; c'est leur rendre service, que d'aider leur bonne volonté par quelques bons conseils. »

Il signalait à M. Masson, son jeune cousin Théodore : « Il m'avait promis d'aller toujours à votre congrégation ; vous pouvez lui rappeler cette promesse, si vous le jugez à propos pour le bien de son âme. »

Il lui recommandait spécialement ses neveux et ses plus jeunes cousins. « Il n'y a, disait-il, que les confessions fréquentes qui puissent les sauver, au milieu des scandales auxquels ils sont exposés. Je vous conjure de faire à mes jeunes parents les saintes violences que leur âge rend encore possibles à leur égard. Vous pouvez les assurer que je les aime beaucoup. Il faut avoir une bien grande confiance pour vous parler comme je viens de le faire. Mais je suis assuré que vous serez bien satisfait, si vous pouvez aider mes parents à remplir leurs devoirs.

« Tant de prières et de bonnes œuvres que nos Révérends Pères offrent à Dieu, en ce saint temps de Carême, pour les âmes de mes bons parents, attireront certainement les bénédictions du ciel sur tout ce que vous entreprendrez pour leur salut. »

Cette lettre montre bien avec quelle sollicitude le Père Joseph s'occupait du salut de ses parents; il profitait de toutes les circonstances pour leur donner de bons conseils. Ayant appris que sa mère, son frère et sa sœur s'étaient brouillés avec des parents qui demeuraient dans un autre pays, et qui leur faisaient subir quelque perte d'argent, il leur écrivit :

« Je viens vous prier, ma très chère mère et vous aussi, ma sœur, de me faire, le plus grand plaisir possible. Il faut se voir avec nos parents de.... Ce qu'il y aurait de mieux à faire, ce serait de leur remettre entièrement les torts que nous avons reçus, et de n'y pas plus penser que s'ils ne nous avaient rien fait. Nous ne sommes pas obligés de leur donner ce qu'ils nous doivent ; mais si vous voulez me croire, faisons-le, sinon faisons-leur savoir que s'ils veulent nous payer nous recevrons ce qu'ils nous doivent, et que, s'ils ne le veulent pas, nous les tenons quittes devant le Bon Dieu. Puisqu'il faut perdre, faisons de nécessité vertu, et ne perdons pas les grâces que nous pouvons obtenir, en faisant un sacrifice, auquel il faut se résoudre de gré ou de force.

« Faites ce que je vous demande le plus tôt possible ; et dans votre prochaine lettre, dites-moi que vous l'avez fait. Quelle satisfaction ce serait pour moi d'apprendre que vous avez vu nos parents, que vous leur avez souhaité de bonnes fêtes, et que vous vous êtes entretenus avec eux, comme de vrais parents qui ne se veulent que du bien ! Voici les sentiments que le Bon Dieu m'inspire : je voudrais, moi seul, souffrir tous les affronts, toutes les injustices, toutes les atrocités du monde ; plus j'en souffrirai, plus je serai heureux, parce que Notre Seigneur Jésus-Christ m'accorderait la grâce de tout pardonner du fond du cœur. Que la Très Sainte Vierge vous fasse la grâce de vous accorder l'incompréhensible joie que l'on goûte, lorsqu'on est dans ces dispositions que le Bon Dieu seul peut donner, mais que nous pouvons obtenir, si nous le voulons bien. »

VII. — Le Frère Joseph charge sa sœur du soin de faire à Courthézon le bien qu'il aurait voulu y faire lui-même.

Les conseils que le Père Joseph donnait, avec tant d'ardeur, à sa famille, étaient ce qu'il y a de plus parfait. Mais ses paroles et surtout son exemple étaient persuasifs, et ses parents étaient assez vertueux pour les comprendre et s'y conformer. La flamme de la charité qui brûlait dans son cœur était communicative ; elle embrasait tous ceux qu'elle pouvait atteindre, et elle tendait toujours à s'étendre plus loin. Il ne lui suffisait pas de travailler à la sanctification de ses parents, il les poussait à faire du bien autour d'eux, et à gagner aussi des âmes à Dieu.

La piété, la charité, le dévoûment de sa mère et de sa sœur étaient bien connus à Courthézon ; aussi leurs parents et leurs voisins venaient souvent leur demander d'être marraines de leurs enfants ; elles ne savaient pas refuser de faire une bonne œuvre, et elles avaient un bon nombre de filleuls et de filleules. Le Père Joseph le savait, il en était heureux, et il avait soin de leur écrire : « Ma mère et ma sœur, donnez beaucoup de bons exemples à vos filleuls et à vos filleules, quels que soient leur âge et leur condition. Recommandez-leur de toutes vos forces de bien faire leurs prières, et de fréquenter les sacrements. Cherchez l'occasion de voir souvent ces âmes rendues au Bon Dieu dans le saint baptême. Vos paroles et vos saintes réprimandes, s'il le faut, les sauveront. Dites-leur que vous êtes obligées de leur parler de la sorte, et que vous avez répondu pour elles devant Notre Seigneur Jésus-Christ. » C'est à sa sœur surtout qu'il communiquait son ardeur d'apôtre, pour le remplacer à Courthézon, et y opérer le bien qu'il aurait voulu y faire lui-même.

« Ma sœur, lui écrivait-il, un bon moyen pour s'attirer les bonnes grâces des saints Anges, c'est de faire tout ce que vous pourrez pour instruire les pauvres, les ignorants, et surtout pour les amener à fréquenter les sacrements ; vous réussirez auprès de beaucoup de personnes, de beaucoup d'enfants, si vous y travaillez de toutes vos forces. » — Il avait vu faire le catéchisme à Courthézon par M. l'abbé Parnet ; il avait été catéchiste, lui aussi, lorsqu'il était jeune séminariste ; il savait les moyens industrieux dont on peut se servir pour le faire du bien. Ce bien, il voulait le continuer et il se faisait remplacer par sa sœur si pieuse aussi et si zélée ; il lui indiquait la direction qu'elle devait suivre.

« N'oubliez pas, lui écrivait-il, que le diable fait tous ses efforts, pour faire négliger les confessions des jeunes enfants. Ayez la bonté d'observer ce que je vais vous redire : Donnez des récompenses aux enfants qui en amèneront d'autres au catéchisme ; donnez une double récompense à ceux qui amèneront de pauvres délaissés, ou des enfants qui habitent des granges éloignées.

« Notez sur votre liste très soigneusement, depuis quel temps chaque enfant ne s'est pas confessé, n'en omettez aucun ; celui que vous omettriez en aurait le plus grand besoin. Faites cela, je vous en conjure, car remarquez que, pour ne pas l'avoir fait, les enfants les moins sages de votre catéchisme ont passé plusieurs mois sans se confesser. Tous les huit jours, assurez-vous si les enfants que vous avez envoyés à confesse se sont confessés. Si vous ne les pressez pas un peu, le diable réussira à les éloigner. Tenez-les toujours occupés de leur confession, vous leur ferez éviter bien des péchés. M. l'abbé Parnet, de sainte mémoire, mon bienfaiteur, était un modèle pour cette exactitude à faire confesser les enfants. Aussi quel bien ne faisait-il pas dans ses catéchismes ! Répondez-moi soigneusement sur ce point ; c'est là une des plus belles œuvres qne vous puissiez faire.

« Voici un moyen de ravir le cœur de Notre Seigneur Jésus-Christ : donnez à chaque enfant en particulier les avis qui lui conviennent, et que son bon Ange vous inspirera ; ils se souviendront toute leur vie de ce que vous leur direz. Je vous recommande les plus pauvres, faites-leur souvent invoquer les noms sacrés de Jésus, Marie, Joseph ; dites-leur : Quand vous entendez mal parler, quand vous voyez de mauvaises choses, quand le démon vous donne de mauvaises pensées, invoquez toujours Jésus, Marie, Joseph. Dites-leur qu'il faut toujours prier, sans jamais se lasser, que saint Louis de Gonzague se cachait dans la maison de son père, pour prier des heures entières. Si vous faites votre possible pour sauver les enfants, Dieu vous bénira. *Ceux qui enseignent aux autres le chemin de la justice brilleront comme les étoiles du firmament pendant toutes les éternités.* [1] Il faut être un frère pour vous dire tout cela. Communiquez-le aux bonnes âmes qui pourront s'en servir comme vous. »

Dans une autre lettre, il faisait rendre compte à sa sœur de la manière dont elle s'acquittait de ses fonctions de catéchiste.

____

1. Daniel xii, 3.

« Pour m'attirer la précieuse amitié des bons Anges, je vais vous faire les questions suivantes, et vous répondrez à chacune :

1o Marquez-vous sur la liste de votre catéchisme, depuis quel temps chaque enfant ne s'est pas confessé?

2o Tous les huit jours, avertissez-vous ceux qui sont en retard? Il faut presser et redire sans se lasser, jusqu'à ce que l'enfant se soit confessé. Ceux qui sont en retard en ont le plus grand besoin.

3o Donnez-vous des récompenses aux enfants qui en amènent d'autres au catéchisme? C'est un moyen de faire faire de bonnes œuvres aux enfants sages, et de faire venir ceux qui ne viendraient pas.

4o Instruisez-vous en particulier les enfants des pauvres, les plus ignorants, les plus bornés, les plus dissipés? Leur donnez-vous de charitables conseils !

5o Faites-vous venir à la maison les pauvres enfants de la première communion, qui ont tant de peine à apprendre ce qui est absolument nécessaire? Notre Seigneur Jésus-Christ permet qu'il y en ait qui ne sachent rien, afin de vous faire gagner une couronne, une belle couronne ! en les instruisant.

6o Avez-vous eu soin de rappeler à ma chère mère les grandes vérités de la religion : qu'il y a un seul Dieu, et trois personnes en Dieu; — que Jésus-Christ, le fils de Dieu, s'est fait homme pour nous, — qu'il est mort sur l'arbre de la croix pour nous délivrer de l'enfer et nous donner le ciel ?

7º Avez-vous rappelé ces mêmes vérités à mon très-cher frère et à sa famille?

8º Surmontez-vous avec courage les difficultés que le démon invente, pour vous empêcher de faire ce que je vous dis, surtout pour remplir la maison de pauvres enfants, qui ne peuvent apprendre au catéchisme ce que c'est que Notre Seigneur Jésus-Christ?

« Répondez à chaque question, sans faute. »

Le Père Joseph ne pensait pas que ses lettres nous feraient un jour admirer son zèle et sa sollicitude pour la sanctification de toutes les personnes de sa famille, et donneraient ainsi à tous et aux prêtres en particulier, un bel exemple de ce qu'ils doivent faire, pour ne pas encourir la censure que saint Paul porte, contre celui qui n'a pas soin des siens et surtout de ceux de sa maison : *fidem negavit et est infideli deterior* [1]. Il a renié la foi et il est pire qu'un infidèle.

L'apostolat que le Père Joseph exerçait auprès de ses parents nous permet aussi d'imaginer tout le bien qu'il a dû faire, pendant les années où il a exercé le ministère de la prédication et de la confession au couvent de Montigny.

Il n'y est resté que cinq ans ; depuis lors un demi siècle s'est écoulé, et son souvenir y est encore bien vivant.

M. le curé de Montigny nous a écrit, il y a quelques mois, » que les personnes de sa paroisse qui ont connu

______
1 Timothée v, 8.

le Père Joseph sont unanimes à dire, que tous le regardaient comme un saint, qu'il avait le don de toucher les cœurs, et de lire dans les consciences. Car si ses pénitents cachaient volontairement, ou n'osaient avouer une partie de leurs fautes, il leur disait aussitôt : « Votre confession est incomplète, allez vous mieux examiner, et revenez. » A leur retour il les aidait et leur faisait dire toutes leurs fautes. C'est pourquoi des paroisses voisines, et même des pays fort éloignés, on venait en foule se confesser à lui, on assiégeait son confessionnal, comme bientôt on accourut à celui du Curé d'Ars. »

VIII. — *Le Père Joseph n'est pas troublé par la Révolution de 1848; mais il a des pressentiments de sa mort prochaine*

Au mois de février 1848, lorsque la Révolution éclata et proclama la seconde République, la famille Sadrin conçut de vives inquiétudes au sujet du Père Joseph. Sa mère s'inquiétait sur le sort qui pouvait lui être réservé; elle craignait de voir se renouveler les atrocités de la première Révolution, à l'égard des religieux et des prêtres. Son frère lui écrivit pour lui offrir un refuge sous le toit paternel.

Sa réponse à ses parents fut tout-à-fait rassurante sur sa situation actuelle; mais elle était pleine de pressentiments sur sa mort prochaine. Il leur écrivait le 28 mars 1848 :

« Ma très chère mère, mon très cher frère, tous mes parents, grâce à la divine Providence, nous sommes bien tranquilles dans notre couvent de Montigny. Notre mère, la Très Sainte Vierge veille sur nous, et entretient dans notre maison la paix la plus profonde. Vos prévenances nous touchent beaucoup. Je vous assure que la seule peine que j'ai éprouvée dans les derniers événements, c'est de penser que vous étiez inquiets à mon sujet. Rassurez-vous, je vous en prie ; s'il y avait quelque chose d'extraordinaire, j'aurais bien soin de vous en informer.

« Tous les curés des paroisses qui nous entourent sont plus occupés de nous que d'eux-mêmes. La reconnaissance m'oblige à rendre témoignage à la charité de nos confrères et des habitants du pays, où la Providence nous a placés. Beaucoup de personnes sont venues nous offrir toutes les ressources qui pourraient nous être nécessaires ; elles ne pourraient faire davantage pour des enfants et des frères, qu'elles ne font à notre égard. Quoique nous n'ayons pas eu besoin des services de tout genre qu'elles sont portées à nous rendre, j'ai béni le Bon Dieu de leurs bonnes intentions et de leur charité ; j'en ai été bien touché par rapport à mes bons confrères, que les malheurs de l'Espagne, leur patrie, ont amenés en France.

« Pour ce qui me concerne, je dois ma tranquillité à la ferme résolution que j'ai prise de m'abandonner entièrement à la divine Providence, et d'ignorer ce qui se passe dans le monde. Je ne veux savoir aucune nouvelle ; c'est un moyen très sûr pour conserver la paix intérieure et l'esprit de piété. Cherchons le royaume de Dieu et sa justice, et tout le reste nous sera donné par surcroît. Le Bon Dieu ne se laisse pas vaincre en générosité, il rend toujours au centuple les sacrifices que l'on fait pour son amour et pour sa gloire.

« Je vous invite, ma sœur, à prier beaucoup. Prions sans cesse, ne nous laissons pas trop distraire par les nouvelles politiques, contentons-nous de savoir que le Bon Dieu est bien offensé, et qu'il daigne pourtant nous pardonner, si nous lui demandons grâce avec beaucoup d'humilité, de confiance et de persévérance.

« Et vous, mon très cher frère, je ne saurais vous exprimer, combien je suis saisi de la bonté que vous me témoignez. Le Bon Dieu vous récompensera certainement de votre charité si sincère et si généreuse. Inspirez toujours à vos enfants, mes chers neveux, une grande estime pour les prêtres qui travaillent au salut de vos âmes. La mort de nos bons parents nous avertit toujours que bientôt nous ne serons plus de ce monde. Tenons-nous donc toujours prêts à paraître devant le Bon Dieu ; tenons notre conscience en bon état. Pour un bon père de famille, permettez-moi de vous le redire, la surveillance des enfants est le devoir le plus sacré. Je sais que vous ne fréquentez par les cabarets, c'est là un très bon exemple que vous donnez à mes neveux. Quand vous avez quelque doute pour l'accomplissement de vos devoirs, consultez votre confesseur, et obéissez-lui généreusement, comme vous obéiriez à Dieu même.

« Ma très chère mère, n'ayez plus d'inquiétude à l'avenir, sur ce qui pourrait nous arriver. Priez bien le Bon Dieu afin que je lui sois fidèle jusqu'au dernier soupir. Ce ne serait pas un malheur de mourir martyr. C'est une grâce et une gloire que je me souhaite, et que je demande au Bon Dieu de tout mon cœur. — Voilà pourquoi je suis si tranquille, et plus heureux que jamais depuis les derniers événements.

« Nous jouissons, dans notre couvent, d'une paix que le monde ne connaît pas. Notre Seigneur Jésus-Christ a versé son sang pour moi jusqu'à la dernière goutte, il a été crucifié, il est mort pour l'amour de moi ; ne serais-je pas trop heureux de souffrir et de mourir pour mon aimable Sauveur ? Que la Très Sainte Vierge m'en obtienne la grâce ! »

Ce fut la dernière lettre que le Père Joseph écrivit à sa famille. Ce furent ses *novissima verba* à ses parents. Ses neveux et petits-neveux les conservent fidèlement et les regardent comme le testament de leur oncle vénéré.

Cet ardent amour qu'il exprimait pour Notre Seigneur Jésus-Christ, ce grand désir qu'il avait de souffrir et de mourir, montraient bien que son âme se détachait de la terre et était prête à s'envoler au ciel.

Il ne devait pas tarder d'aller y recevoir sa récompense.

CHAPITRE III

SA DERNIÈRE MALADIE

SA MORT, SES FUNÉRAILLES

I. — Sa dernière maladie

Dans une des plus froides nuits du mois de janvier 1849, un incendie éclata à Montigny. Le Père Joseph accourut un des premiers pour aider à l'éteindre, et il resta plusieurs heures, les pieds dans l'eau glaciale de la rivière, pour remplir les seaux. Des hommes qui étaient près de lui voulaient le remplacer, mais lui voulut rester là, jusqu'à la fin de l'incendie; il aimait toujours à prendre et à garder les postes les plus pénibles.

Cependant, peu de jours après, il se trouva malade. Tout d'abord son état ne paraissait pas bien grave. Les meilleurs médecins de Vesoul furent appelés, et ils reconnurent que le Père Joseph avait une hydropisie accompagnée d'une inflammation d'entrailles. Ils furent d'avis de le faire coucher sur un lit un peu plus confortable que son grabat de religieux; mais lui ne le voulut pas.

« Laissez-moi, répondit-il, je suis bien sur mes planches. Notre Seigneur sur la croix a bien plus souffert que moi. »

Malgré les soins assidus qu'on lui donna, son mal s'aggrava. Mgr l'Archevêque de Besançon, qui avait une grande estime pour ce fervent religieux, vint le visiter anssitôt qu'il apprit la gravité de sa maladie, et il témoigna combien il était édifié des saintes dispositions, où il le trouva, souffrant avec joie et ne désirant, comme saint Paul, que de mourir et d'aller au ciel. *Cupio dissolvi et esse cum Christo.*

Son Supérieur, le Père Michel, qui venait souvent le visiter, le trouva un jour si tranquille, si content, qu'il lui en demanda le motif. Le malade lui répondit en souriant, qu'il avait fait, à Dieu, le sacrifice de sa vie, en lui demandant deux choses qu'il croyait bien obtenir. « J'ai offert ma vie, dit-il, d'abord pour que Pie IX, réfugié à Gaëte, soit rétabli à Rome ; et ensuite pour la guérison du Père Louis Marie du Très Saint Sacrement, mon ancien Maître de noviciat, en ce moment bien malade au couvent de Bordeaux. » En effet, ses prières furent bientôt exaucées ; peu de jours après on reçut de Bordeaux une lettre qui annonçait le rétablissement du Père Louis, et Pie IX ne tardait pas de rentrer à Rome, ramené sous la protection de l'armée française ; tandis que le Père Joseph avançait rapidement vers la consommation de son sacrifice.

Beaucoup de personnes qui le vénéraient faisaient des neuvaines pour obtenir sa guérison. Mais ses prières étaient plus puissantes et mieux exaucées. « Je vais dire la sainte Messe ; je vais prier pour vous, lui dit le Père Firmin, qui était venu de Bordeaux pour le soigner — Demandez au Seigneur, lui répond le malade, de me faire sortir de la prison de mon corps et de m'accorder la grâce d'une sainte mort. »

Pendant sa maladie, le Père Joseph se confessait plusieurs fois par semaine. Huit jours avant sa mort, il reçut le Saint Viatique et l'Extrême-Onction, et dès lors il se confessa, tous les jours. Il aimait beaucoup à entendre lire des prières ; tous les soirs il se faisait réciter le *Stabat Mater dolorosa.*

II. — Sa mort

La nuit de sa mort, après avoir récité le *Stabat,* il voulut faire encore une confession générale de toute sa vie, parce que, dit-il, *j'ai un long sommeil à faire.* Sa mort fut comme un doux sommeil : il rendit paisiblement son âme à Dieu, à 4 heures et demie du matin, le 24 février 1849, assisté par sa petite communauté qui lui avait prodigué les soins les plus tendres, jusqu'à son dernier soupir. Il était âgé de 38 ans et 25 jours.

Le Père Michel s'empressa d'annoncer la douloureuse nouvelle de cette mort à la famille Sadrin ; il écrivit le 25 février au frère du vénéré défunt : « Monsieur, que la Sainte Vierge au pied de la croix soit notre unique consolation ! Il n'y a que le Bon Dieu et sa Sainte Mère qui puissent nous consoler, dans la désolation où nous sommes. Nous venons de perdre notre cher Père Joseph qui était le soutien de notre observance religieuse, dans notre petite communauté; mais nous sommes persuadés qu'il y a aujourd'hui au ciel une grande joie, et que les anges du Seigneur y chantent ses louanges, parce qu'ils ont reçu, dans leur compagnie, le premier Carme des nouvelles fondations de la réforme de sainte Thérèse en France. Sa mort a été semblable à sa vie, il a toujours été un parfait modèle de sainteté, et il est mort en odeur de sainteté. Nous n'avons jamais remarqué en lui aucune faute délibérée contre notre sainte Règle, ni contre l'obéissance. Beaucoup de personnes viennent faire toucher à ses mains des chapelets, des médailles, des crucifix, des livres, des images et autres objets de piété; tous nous demandent quelque chose qui ait été à son usage, et nous sommes obligés de couper en morceaux un de ses habits, pour satisfaire la dévotion des fidèles.

« Les médecins avaient dit que sa maladie était un épanchement avec inflammation dans les intestins. Nous espérions le conserver encore longtemps; mais nos jours sont comptés devant Dieu! Votre cher frère a rendu son âme à Dieu, hier 24 février, à quatre heures et demie du matin, après avoir reçu les sacrements en pleine connaissance, et avec la plus grande dévotion.

« Sa mort nous est bien sensible, aux yeux de la chair, mais elle nous est bien consolante, aux yeux de la foi. Car c'est bien de lui qu'on peut dire, que la mort des saints est précieuse devant Dieu. Il est mort, le samedi, jour consacré à notre divine Mère, et nous avons la confiance, que la Sainte Vierge aura accompli pour lui la promesse qu'Elle a faite, de préserver de l'enfer, et de délivrer du purgatoire, le premier samedi, les personnes qui auront porté fidèlement son scapulaire.

« Bien des circonstances de sa mort nous consolent dans notre désolation. Je voudrais être à sa place et mourir, dans ce moment-ci, comme lui. Tout le monde a prié pour lui pendant sa maladie, et maintenant on se recommande à lui, comme à un saint.

« Agréez, Monsieur, les sentiments respectueux de votre très humble serviteur,

« Frère MICHEL DE LA SAINTE-TRINITÉ. »

III. — Ses Funérailles, sa tombe

La nouvelle de la mort du Père Joseph se répandit vite, non seulement dans les paroisses voisines, mais aussi à Vesoul et dans tout le département, de sorte que beaucoup de personnes qui avaient profité du ministère de ce saint religieux et admiré ses vertus, accoururent pour le voir une dernière fois dans son cercueil, et pour assister à ses funérailles.

Après sa mort, on avait porté son corps dans la chapelle du couvent, où la communauté chanta la messe des morts, et l'office de la sépulture, selon les prescriptions des saintes Règles du Carmel. Pendant que l'on célébrait ces funèbres cérémonies, la chapelle était pleine de monde, et l'on n'y entendait que des sanglots et des gémissements déchirants. Tout le temps que le corps du défunt resta exposé dans l'église du couvent, une nombreuse foule de fidèles ne cessa de l'entourer de sa vénération, de ses prières et de ses larmes. Tous voulaient le voir encore une fois, lui faire toucher leurs objets de piété; tous demandaient un souvenir de lui et étaient heureux de recevoir quelque petit morceau de ses vêtements, qu'ils emportaient comme une précieuse relique.

Les Pères Carmes auraient voulu ne pas se séparer de leur cher Père Joseph, en lui donnant la sépulture dans leur église, ou dans leur jardin ; mais n'ayant pu obtenir l'autorisation nécessaire, ils se résignèrent à l'ensevelir au cimetière paroissial. Après qu'ils eurent célébré ses obsèques suivant les coutumes et les cérémonies de l'Ordre du Carmel, M. le curé de Montigny arriva en procession, avec ses paroissiens, dans l'église des Carmes. On y chanta les vêpres des morts, après lesquelles le cortège funèbre se dirigea vers le cimetière. On portait le corps du défunt, à découvert, dans son cercueil; sur tout le parcours, on poussait des cris et des gémissements, tant la douleur était générale. Au cimetière, au moment où l'on allait fermer le cercueil et couvrir le corps du Père Joseph pour le descendre dans la tombe, la foule se précipita pour lui baiser encore une fois les pieds et les mains, et ce ne fut pas

sans peine que le Père Michel parvint à calmer l'empressement des pieux fidèles, pour achever la cérémonie
de la sépulture; et faire descendre le cercueil dans la
fosse. Elle se trouve à l'entrée du cimetière de Montigny,
du côté gauche, à dix mètres de distance du milieu de
la porte et à douze mètres du mur.

La nouvelle de la mort du Révérend Père Joseph
causa une bien grande douleur à sa famille, à Courthézon.
Il en était si aimé, si vénéré, et il le méritait si bien. Sa
mère resta inconsolable [1]. Son frère répondit à la lettre
qu'il avait reçue du Père Michel, il lui demanda de nouveaux détails sur les derniers jours, sur la mort du
vénéré défunt. Ce fut le Père Firmin de la Sainte Trinité
qui lui répondit, de Montigny, le 20 mars 1849. « Que
la grâce du Saint-Esprit soit toujours avec vous,
Monsieur, pour vous faire connaître combien il vous est
utile de vous soumettre, en tout et toujours, à la volonté
de Dieu, qui est le Maître de notre vie, et nous rappelle
à Lui, non pas selon nos desseins, mais selon les
siens. Il dispose ce qui nous convient le mieux, quoique
nous ne le comprenions pas. C'est ce que nous voyons
accompli dans notre bien aimé confrère, votre cher

---

1. Elle lui survécut à peine quatre ans ; elle mourut le 25 janvier 1853,
âgée de 81 ans. Son frère mourut l'année suivante, le 30 août 1854, âgé
de 56 ans. Sa sœur lui survécut davantage, elle mourut le 19 mars 1873,
âgée de 70 ans ; et pendant ces 24 ans, par son zèle, ses bons exemples et
son dévoûment à toutes les bonnes œuvres, elle continua, à Courthézon,
le bien que son frère lui avait appris à faire.

frère, le Père Joseph. Nous pensions le garder longtemps dans notre compagnie, pour le plus grand bien de
notre Réforme, et pour la plus grande gloire de Dieu. Qui
pouvait être plus intéressé que nous à conserver sa santé?
Soyez bien persuadé que nous avons fait tout ce qui
était en notre pouvoir. Deux médecins les plus renom-
més de Vesoul sont venus le soigner; ils ont employé
toutes les ressources de leur art pour le guérir. Beaucoup de personnes qui s'intéressaient vivement à lui,
ont fait des prières et des neuvaines pour obtenir sa
santé; mais lui a été plus puissant pour obtenir de sortir de la prison de son corps.

« Il le voulait, il le souhaitait : c'est ce qu'il me dit
un jour de demander au Seigneur, au moment où j'allais
célébrer le saint Sacrifice. Dieu l'a exaucé en lui accor-
dant la grâce d'une sainte mort.

« Voilà ce qui doit nous consoler et nous donner la
certitude que la mort a été pour lui un gain, parce
que Dieu l'a trouvé prêt à recevoir la récompense de
toutes ses vertus, dont la bonne odeur continuera
toujours de nous embaumer. Nous avons beaucoup
perdu en le perdant; cependant nous avons la confiance
qu'il est notre protecteur devant Dieu, et qu'il
contribuera par sa médiation à notre propagation et
conservation.

« Et vous, cher Monsieur, croyez que ce n'est pas
peu de chose pour vous et pour toute votre famille,
d'avoir un frère qui vous a devancés dans le ciel, où il

est devenu plus puissant et plus charitable, où il vous obtiendra du Seigneur tous les moyens de salut qui vous sont nécessaires, pour aller lui faire compagnie.

« Je pense que Dieu vous a inspiré ces mêmes sentiments, bien capables d'adoucir votre peine et de vous consoler.

« Nous sommes heureux de répondre à votre demande et de vous faire plaisir, en vous envoyant dans cette lettre deux morceaux de l'habit du Père Joseph ; vous pourrez vous en servir pour en faire de petits scapulaires. Nous vous réservons un beau crucifix, dont il s'est servi pendant sa vie, et qu'il a baisé avec beaucoup de tendresse et d'affection, jusqu'à son dernier soupir. Nous profiterons de la première occasion pour vous l'envoyer.

« On continue de nous demander des parcelles des objets dont s'est servi notre bien regretté confrère. On vient souvent prier sur sa tombe. On y a planté des fleurs, et nous y avons élevé une croix sur laquelle nous avons mis une inscription en latin et en français.

« Que le Seigneur vous accorde, ainsi qu'à nous, son bon esprit et la grâce de devenir de grands saints comme votre frère !

« Je vous présente le respect et le dévouement de toute notre communauté et du bon Père Michel qui, à cause de ses occupations, m'a chargé de vous écrire… J'ai eu le bonheur de connaître votre très digne frère, dès son arrivée à notre noviciat, et je suis venu de Bordeaux m'édifier, et l'assister à ses derniers moments.

« Votre très humble et dévoué serviteur,

« Fr. Firmin de la Très Sainte Trinité. »

A cette lettre, le Père Michel ajouta les lignes suivantes :

« Mon cher Monsieur, comme depuis la mort de notre cher confrère, le Père Joseph, je n'ai pas eu un moment libre, j'ai chargé un de nos Pères de vous écrire en mon nom; ainsi recevez sa lettre comme si je l'avais écrite moi-même.

« Je pense qu'il vous fera plaisir de savoir, que Monseigneur l'archevêque de Besançon est venu exprès à Montigny, pour visiter votre bon frère pendant sa maladie. Sa Grandeur a été très édifiée des sentiments et des dispositions de notre Père Joseph, et, après sa mort, Elle m'a écrit de me consoler, « parce que, quoique nous ayons fait une très grande perte, nous ne devons pas douter, que nous aurons au ciel un frère, qui attirera sur notre maison les bénédictions du Seigneur.

« Agréez, Monsieur l'assurance du profond respect, avec lequel j'ai l'honneur d'être votre très humble serviteur.

« F. Michel de la Sainte Trinité. »

Dans le cimetière de Montigny, sur la tombe du Père Joseph, on avait élevé une croix. Elle était vermoulue, lorsque, en 1866, le Père Anselme des Sacrés-Cœurs fit placer une nouvelle croix avec cette inscription :

TOMBE DU R. P. JOSEPH SADRIN AU COUVENT DE MONTIGNY

✝

J. M. J.

CI-GIT

LE TRÈS RÉVÉREND PÈRE JOSEPH DE JÉSUS-MARIE

Carme déchaussé

Maximin Sadrin

DÉCÉDÉ LE 24 FÉVRIER 1849

DANS LA TRENTE-NEUVIÈME ANNÉE DE SON AGE

ET LA SIXIÈME DE SA PROFESSION

Tabescere me fecit zelus meus
Mon zèle m'a consumé. Ps. 118.

R. I. P.

AMEN!

Autour de cette croix on fit un petit jardin, où l'on cultiva des fleurs. Depuis plus de vingt ans, les Carmes ont cessé de résider au couvent de Montigny [1], mais les fleurs n'ont pas cessé de s'épanouir et d'exhaler leur parfum sur la tombe du Père vénéré. Pour la quarante-neuvième fois, à chaque nouveau printemps, une main [2] pieuse et reconnaissante a eu soin de semer, de planter, d'arroser de nouvelles

1 C'est le 19 juillet 1874, que les Carmes ont quitté le couvent de Montigny, pour aller résider à Mancenans, canton de Maïche, Doubs. C'est de cette résidence qu'ils furent expulsés, en 1880, malgré les énergiques protestations de Madame la comtesse de Montalembert.

2. Mme Veuve Barrois.

fleurs ; et Dieu leur a donné de croître, de fleurir, de répandre leur parfum, et de conserver à Montigny le souvenir du Père Joseph et de ses vertus.

A Courthézon, son pays natal, dans le diocèse d'Avignon et dans l'Ordre des Carmes, ses parents, ses compatriotes et tous ceux qui l'ont connu, qui ont été ses élèves ou ses confrères ne l'ont jamais oublié. Il vivait dans leur mémoire et dans leur cœur. Mais le nombre de ces contemporains d'une époque, qui remonte à plus d'un demi siècle, diminuait chaque année, et le voile de l'oubli n'aurait pas tardé de tout couvrir.

Les rares survivants de ce temps déjà lointain ont bien voulu nous confier leurs souvenirs. Nous les avons réunis, comme des fleurs, pour en former un bouquet. Puissent-elles aussi, ces fleurs, *fleurir, donner leur parfum, se couvrir d'un gracieux feuillage, chanter un cantique et bénir le Seigneur dans ses œuvres* [1] ! Puissent-elles honorer le Révérend Père Joseph Sadrin et conserver sa mémoire !

---

1. *Florete, flores, et date odorem, et frondete in gratiam, et collaudate canticum, et benedicite Dominum in operibus suis.* Ecclésiastique, XXXIX, 19.

TABLE DES MATIÈRES

Vie de l'abbé Sadrin dans le monde

CHAPITRE I

SON ENFANCE

CHAPITRE II

SES ÉTUDES ECCLÉSIASTIQUES

CHAPITRE III

L'ABBÉ SADRIN PROFESSEUR A STE-GARDE

CHAPITRE IV

L'ABBÉ SADRIN VICAIRE A CAVAILLON

L'abbé Sadrin R. P. Joseph

Sa vie religieuse

CHAPITRE I

SON NOVICIAT AU COUVENT DU BROUSSEY

CHAPITRE II

LE PÈRE JOSEPH AU COUVENT DE MONTIGNY-LES-VESOUL

CHAPITRE III

DERNIÈRE MALADIE DU PÈRE JOSEPH, SA MORT
SES FUNÉRAILLES, SA TOMBE

Avignon. — Imprimerie AUBANEL Frères.

www.ingramcontent.com/pod-product-compliance
Ingram Content Group UK Ltd.
Pitfield, Milton Keynes, MK11 3LW, UK
UKHW020158130726
13696UKWH00002B/588